HET GELUID VAN WOLKEN

Paul Witteman

Het geluid van wolken

De muziekkeuze van Paul Witteman

UITGEVERIJ BALANS

Voor Diederik, Jacob en Jur

Omslagontwerp Nico Richter

Omslagfoto Vincent Mentzel

Boekverzorging Jos Bruystens, Maastricht

Druk Clausen en Bosse

ISBN 978 90 5018 876 0

NUR 665

www.uitgeverijbalans.nl

Uitgeverij Balans stelt alles in het werk om op milieuvriendelijke en duurzame wijze met natuurlijke bronnen om te gaan. Bij de productie van dit boek is gebruikgemaakt van papier dat het keurmerk van de Forest Stewardship Council (FSC) mag dragen. Bij dit papier is het zeker dat de productie niet tot bosvernietiging heeft geleid.

Inhoudsopgave

Woord vooraf

I k heb mijn moeder maar één keer in tranen gezien. Dat was niet op de avond dat mijn broer haar vertelde dat hij ongeneeslijk ziek was, hoezeer haar dat ook aangreep. Het gewicht van die mededeling was te zwaar om in een keer te tillen. De tranen kwamen op een volstrekt onverwacht moment en ze werden veroorzaakt door een ondoordachte opmerking. Ik was veertien jaar oud. We hadden ruzie, ik kreeg verwijten naar mijn hoofd geslingerd, ze zei dat er met mij geen land te bezeilen was en ik riep in het wilde weg: 'Het was niet mijn keuze om op de wereld te komen, jullie hadden dat ook kunnen voorkomen.' Dat sneed door de ziel van de moeder van zeven kinderen van wie ik de jongste was, pal na de Tweede Wereldoorlog geconcipieerd. Na jaren van angst, vader in het kamp en de twee oudste zonen door de Duitsers gezocht voor arbeid in den vreemde, was mijn geboorte een geschenk van God, zo hadden ze mijn komst waarschijnlijk gezien. Ik wilde niet dat ze huilde om mijn botte opmerking. Ik bood verontschuldigingen aan, pakte een zakdoek, schonk een kop thee. Snel legde ik een grammofoonplaat op de draaitafel met haar favoriete muziek, *Etudes Symphoniques* van Robert Schumann, dat leidde af. Het werd een muzikale verzoeningsavond met een compleet romantisch programma, Brahms eerste vioolsonate, de etudes van Chopin en daarna was het leed, althans voor die avond voorbij. Later verbaasde ik me erover dat ik zo zeker wist welke muziek ik moest kiezen om mijn moeder in een betere gemoedsstemming te krijgen en ik verbeeld me tegenwoordig dat me dat bij iedereen die ik een beetje ken lukt. Bepaalde muziek hoort bij mensen zoals de glimlach of een verbeten trek op hun gezicht. Een melodie kan een herkenningstune van een liefde zijn tussen twee mensen met wie het zonder die muziek niet zover zou zijn gekomen. Muziek kan de stemming doen opklaren, doeltreffender dan de nieuwste generatie antidepressiva. Dat is niet, althans zelden, de vooropgezette bedoeling geweest van de componist die zomaar de ingeving had om een melodie in zijn sonate van majeur naar mineur over te laten gaan zonder te beseffen dat ik een paar honderd jaar later bij het horen van die wending een vaag verlangen zou voelen naar een beter leven dan ik op dat moment leidde.

In de loop der jaren ben ik het repertoire van klassieke componisten gaan analyseren en beoordelen op die verborgen kracht: wat doet het met je en waarom? Ik gebruik de muziek voor mezelf zoals ik die inzette op de avond dat mijn moeders hart brak, om ellende te relativeren, om er hoop uit te putten, om energie te krijgen. Mijn favoriete muziek is digitaal samengebracht in een iPod die ik altijd bij me draag, een wonderlijke uitvinding. Ik ben over die muziek in *de Volkskrant* gaan schrijven, over mijn persoonlijke ervaringen met het stuk, over de ontstaansgeschiedenis van de noten, over het leven van de componist. Tot mijn vreugde bleken mijn waarnemingen door de lezers te worden herkend en vaak aangevuld met eigen verhalen en suggesties voor besprekingen. Deze en nieuwe muzikale ervaringen zijn terechtgekomen in dit boek. De bijgevoegde cd bevat een aantal fragmenten die verduidelijken wat ik beschrijf, in de hoop en de verwachting dat u er bij het beluisteren net zo van geniet als ik.

Ik dank iedereen die me bij het samenstellen van *Het geluid van wolken* met wijze adviezen heeft gesteund, in het bijzonder Marga Deutekom, Jan Zijderveld en mijn broer Wim Witteman die een belangrijke bijdrage heeft geleverd aan de muziektechnische kanttekeningen bij de beschreven composities.

Haarlem, augustus 2007

Het geluid van wolken

K un je een wolk horen? De wind wel, die zucht, of loeit. Maar de wolken? Het is een vraag voor The Cloud Appreciation Society, een wonderlijke Britse club die lijkt verzonnen door Monty Python, maar echt bestaat en een website beheert die door zijn originaliteit regelmatig in de prijzen valt. Het genootschap zegt dat de leden gefascineerd zijn door de schoonheid van wolken, zoals een ander van meren en bergen houdt. Maar op mijn e-mail met de vraag of je een wolk kan horen krijg ik geen antwoord. 'Kijk omhoog' is het praktische advies. Dat doe ik. Maar ik hoor niets.

Wel als de leeuwerik opstijgt. Hij zingt en vliegt over, laten we zeggen, het heuvelachtige landschap van Engeland, zachtjes en elegant. De vogel kijkt neer op het drukke gedoe in de dorpen en steden, stijgt hoger en hoger en verdwijnt ten slotte in een wolkenpartij die lijkt geschilderd door Jacob van Ruysdael. En dan klinken boven het gefladder van de vleugels plotseling de wolken. Het zijn de zachte, bijna onhoorbare strijkers en blazers in *The Lark Ascending*, de lieflijke romance voor viool en orkest van Ralph Vaughan Williams. Het loflied op de leeuwerik werd door de Engelse luisteraars naar de muziekzender Classic FM in 2007 gekozen tot de beste Britse compositie ooit. Daarbij bleef het Elgars *Celloconcert* ver voor. Wie zijn wij om het oordeel van die miljoen muziekliefhebbers te negeren.

Wat zijn de elementen die het succes van deze tophit bepalen? *The Lark Ascending* is om te beginnen een typisch Engelse compositie waarin wordt verwezen naar twee volksliedjes die iedere Brit herkent. Het is bovendien een zeer melodieus stuk waarbij de idyllische vlucht van de vogel zo overtuigend door de viool wordt geschilderd dat je voortaan de klank van een vogel niet meer associeert met het ijle geluid van een dwarsfluit, maar met de meer zelfbewuste viool die het beestje een volwassen stem geeft, een muzikale emancipatie waarop het tot het begin van de vorige eeuw moest wachten.

Natuurlijk denken we meteen aan Claude Debussy die met zijn *Nuages*, uit *Trois Nocturnes*, de wolken hoorbaar maakte en sowieso als impressionist de link legde tussen beeld en klank. Het was niet geheel nieuw, vooral in Frankrijk klonk er al eeuwenlang veel natuur in de muziek. Van de zestiende eeuw toen Janequin al madrigalen over vogels componeerde, tot in de twintigste eeuw met als hoogtepunt Olivier Messiaen en zijn *Catalogue d'oiseaux*. Bij het impressionisme in Engeland denken we al gauw aan Frederick Delius *(On hearing the first cookoo in spring)*, maar toch vooral aan Ralph Vaughan Williams (1872-1958). Fijne schuivende drieklanken, steeds beschaafd en aangenaam, een beetje zoals in Nederland Hendrik Andriessen componeerde. Vaughan Williams gebruikte meer pathos, Engelsen houden nu eenmaal van wat *pomp and circumstance* waarmee de proms jaarlijks worden opgeluisterd. Ralph studeerde enige tijd bij Ravel, maar bij diens raffinement en meesterschap kwam hij niet in de buurt. Ravel zelf drukte het diplomatieker uit: 'Vaughan Williams was de enige van mijn leerlingen die mij niet imiteerde', en dat klopt.

Vaughan Williams componeerde voor het volk. Hij deed dat vanuit de overtuiging dat het de taak van een musicus is zijn talent ten dienste te stellen van de gewone burger. Hij woonde geruime tijd op het platteland om het 'eigene' van het volk en landschap op te zuigen en weer te geven in muziek. Zijn boek *National Music* kan worden gelezen als een pamflet voor het versterken van de eigen identiteit van de Engelse muziek.

'Muzikaal burgerschap,' schreef hij, 'zie ik als een humane plicht.' 'Sir' Ralph was een sociaal bewogen, bescheiden man die zich niet te groot voelde om gelegenheidscomposities te schrijven waarvoor een ander zijn neus zou optrekken. Filmmuziek bijvoorbeeld, een genre waarin hij uitblonk. Niet voor niets begon de inspiratie voor de muziek van de leeuwerik met een gedicht van George Meredith waarin de vluchtroute van de vogel wordt beschreven.

He rises and begins to round,
He drops the silver chain of sound,
Of many links without a break,
In chirrup, whistle, slur and shake.

De mooiste klank blijft op de achtergrond. Het geluid van de wolken.

Händel en Bach, de zonen van God

P rofessionele musici klaagden in de krant dat het programma-aanbod van de klassieke radiozenders steeds meer het karakter krijgt van een muzikale fruitmand. Dat is sterk overdreven, maar tijdens de jaarwisseling lijkt het er wel op. De publieke omroep zendt dan ieder jaar de radio 4-daagse uit, een aardig initiatief. De luisteraars mogen zelf voor vier dagen het programma samenstellen. Ik was benieuwd naar hun top-5. Wat blijkt? Alle composities dragen een religieus karakter, de tijd van het jaar zal daarin een rol spelen. Dit was de keus van de luisteraars:

1) Het *Miserere* van Allegri
2) De *Matthäuspassion* van Bach
3) De *Messiah* van Händel
4) Het *Requiem* van Mozart
5) Het *Weihnachtsoratorium* van Bach

Wint religie aan populariteit of zorgt God zelf voor deze hoge noteringen omdat hij de muziek heeft verkozen tot zijn favoriete kunstvorm?

Over de vroomheid van Bach bestaat bij kenners geen twijfel, al zijn er geen brieven of geschriften van de meester zelf waarin hij zijn religieuze opvattingen toelicht.

Voor Bach duurde het woord soms wel te lang. Hij glipte tijdens de preek regelmatig naar de kelder om te bekomen van de hel en verdoemenis die de predikant aankondigde wanneer zijn gelovigen niet volgens de geboden der kerk zouden leven. In *Die Bach-Documente* wordt het bestuur van de kerk geciteerd: 'Wijzen hem terecht omdat hij de afgelopen zondag tijdens de preek de wijnkelder heeft opgezocht.' Reactie van Bach: het speet hem zeer, het zou niet meer voorkomen. Het bestuur nam daarmee genoegen. Eigenlijk is dit document het enige bewijs dat Bach een gewoon mens was. God sluipt tijdens de preek niet naar een wijnkelder.

God is trouwens erg veranderd sinds mijn jeugd. Toen werd het hele leven nog door Hem bepaald. Mijn vader ontstak in woede wanneer we met een niet-katholiek meisje thuiskwamen, de kerk in Overveen was ons tweede huis en, vlakbij, in Haarlem was er de grote St. Bavokerk.

Ach. De sfeer in de oude Bavo! Wie de stad nadert ziet het reliëf van het gotische gebouw al van ver aan de horizon tussen de Hollandse luchten prijken. Het interieur van de kerk is sinds Pieter Saenredam het in 1636 heeft geschilderd amper gewijzigd. De beeldenstorm heeft de kerk van alle franje ontdaan, de sfeer is er sereen te noemen, maar een kil godshuis is het niet. Elk moment verwacht je dat achter een van de reusachtige en toch elegante steunpilaren een kerkbestuurder tevoorschijn komt. Hij loopt met een chique stok en heeft een steek op zijn hoofd. Hij kijkt trots omhoog naar het beroemde Müller-orgel waarop mijn grootvader nog heeft gespeeld. Uit hout gesneden engeltjes waken aan weerszijden van het orgel over de klank van de pijpen. Voor alle zekerheid houden ze een trompet aan de mond om in te vallen wanneer de luchtpomp de organist in de steek laat.

Het is lang geleden dat ik daar de onbekende Händel hoorde. Niet de Händel van de *Messiah*, van de vele oratoria en opera's, maar de jonge Händel die nog aan een geweldige carrière moet beginnen. Ik hoorde een psalm voor koor, orkest en solisten: *Dixit Dominus*, de Heer spreekt. Georg Friedrich Händel (1685-1759) schreef de spetterende muziek tijdens een reis door Italië, tweeëntwintig jaar oud. Het stuk was bedoeld als openingspsalm voor feestelijke erediensten. Hier is Händel op zijn best: de muziek juicht op alle notenbalken. Het is het muzikaal verslag van een zonovergoten reis. Een jonge Duitser die wordt bedwelmd door het zuidelijke temperament, een musicus die de charme van Florence en Venetië ontdekt, die in Rome het beroemde koor van de Sixtijnse kapel hoort zingen en iets terug wil doen voor de goddelijke schoonheid die hij ervaart.

Händel blijft een paar jaar in Italië. Hij zal er opera's schrijven waarmee hij roem vergaart, maar de basis voor zijn houding als componist is al gelegd in de zuivere opgetogenheid van het *Dixit Dominus*. Bach en Händel, worden vaak in één adem genoemd, maar veel verwantschap is er niet behalve dat ze tijdgenoten zijn. Bach wordt in kleine, vooral religieuze kring hooggeacht, Händel wordt vooral later in Engeland door het grote publiek op handen gedragen. Massale orkestgroepen varen over de Theems in Londen om de stad van zijn *Fireworks* te laten genieten, maar tegenwoordig is het toch vooral de *Messiah* die zijn naam in ere houdt. Bach is een veel groter componist, die met zijn diepzinnige chromatiek en onvoorstelbaar gedurfde dissonante samenklanken in die periode betrekkelijk alleen stond. Händel zal nauwelijks de illusie gehad hebben na zijn dood nog lang bekend te zijn; Bach componeerde vooral voor zichzelf en voor God, maar hij zal zeker vermoed hebben dat hij in dubbele betekenis voor de eeuwigheid werkte.

Het is haast een vloek om bij Bach aan een muzikale fruit-mand te denken, maar wat mij betreft mag Händels *Dixit Dominus* in zijn zuivere opgetogenheid als frisse vrucht er best in liggen.

4

De misdaden van Busoni

O p de zolder van mijn ouderlijk huis stonden twee loodzware houten kisten. Een ervan was zo groot dat het leek alsof Hugo de Groot ermee uit een slot was gesmokkeld. Het gevaarte herbergde religieuze attributen waarmee een van mijn oudere broers ooit priestertje speelde. Een in onbruik geraakte boekenkast, die op zijn kant stond, diende als altaar. De priesterkleding, kelken en misboeken rustten in een geur van wierook op de bodem van de kist. Onze lieve heer op zolder. Mijn broer was 'geroepen', maar op den duur bleek de lokroep van zijn hormonen net iets sterker. Zijn hele leven bleef hij bang voor het moment dat hij voor die keuze verantwoording zou moeten afleggen.

De andere kist op zolder was iets kleiner en bevatte bladmuziek. De muziek had blijkbaar straf, want ze werd niet meer gespeeld. Weg ermee, naar zolder met die rommel. Wat had de muziek in hemelsnaam misdaan? De meeste muziekboeken in de kist waren slachtoffer van de tijd, composities uit de romantiek die in de naoorlogse periode waarin ik opgroeide te licht werden bevonden.

'Bach-Busoni' bijvoorbeeld. Ferruccio Busoni (1866-1924) werd wel 'der Mann ohne Eigenschaften' genoemd naar de roman van Musil. Hij dankt de bijnaam aan de pianobewerkingen van composities van zijn idool Johann Sebastian

Bach. 'Bach-Busoni', de combinatie van deze twee namen is het handelsmerk geworden van muziek waarover je in sommige kringen slechts fluisterend mag spreken.

In deze fase van mijn leven ben ik de schaamte voor de romantiek voorbij, maar de functionaris in de muziekhandel die mij de bladmuziek van twee Bach-Busoni's verkocht, keek erbij alsof hij in het geniep kinderporno overhandigde. Bij ons thuis werd Busoni als producent van kitsch naar zolder verwezen als betrof het een afbeelding van een zigeunermeisje of een hondje van porselein. De misdaad van Busoni was dat hij het lef had gehad er 'zomaar nootjes bij te verzinnen'.

Busoni, een briljant theoreticus, deed dat niet vanuit de ijdele behoefte Bach te verbeteren, maar juist om Hem te dienen. Een bewerking, vond hij, moest veranderingen bevatten die rekening houden met de mogelijkheden van het instrument, de akoestiek of de techniek van de pianist. Het gaat niet om de zwarte bolletjes op de horizontale lijnen, het gaat om wat Bach te zeggen heeft. Busoni legde zijn opvattingen vast in een reeks essays die onderwerp werden van een stevig dispuut met de aanhangers van de authentieke uitvoeringspraktijk.

Ik kom er eerlijk voor uit: ik ben dol op 'Bach-Busoni'. Huiverend van genot luister ik naar de koraalbewerking 'Nun komm der Heiden Heiland', een samenscholing van diepzinnige gedachten tijdens een muzikale wandeling waarvan het tempo wordt bepaald door de zachte maar dwingende octavenreeks in de baspartij terwijl de melodie de komst van de heiland aankondigt met ingehouden vreugde, die dankzij de 'extra nootjes' van Busoni nog overtuigender klinkt dan in de oorspronkelijke orgelversie.

Busoni was een centrale figuur in het muziekleven van Berlijn, een virtuoos pianist, een wegbereider voor de nieuwe muziek van Bartók en Schönberg. Foto's tonen een knappe man die in de verte aan de Franse filmster Alain Delon doet denken.

Busoni gebruikte zijn faam als pianist om in contact te komen met alle gezagdragers uit de muziekwereld: Tsjaikovsky, Grieg, Mahler en Delius. Hij werd door Anton Rubinstein gevraagd om docent te worden aan het conservatorium in Moskou, maar hij was niet dol op Russische muziek, liever reisde hij naar Boston en New York om triomfen te vieren als pianovirtuoos. Echt thuis voelde hij zich alleen in Berlijn.

Als componist bleef hij met overtuiging trouw aan zijn idolen, hij zag zich als gereedschap in handen van zijn beroemde voorgangers om hun werk voort te zetten met eigen middelen. 'Mijn werk is niet bedoeld om weg te gooien wat bestaat, maar om wat al bestaat te laten herleven.' Hij noemde zijn houding 'jong classicisme', een eerbetoon aan Bach en Mozart die hij de vertegenwoordigers van de 'absolute muziek' noemde, en verwierp de in sommige kringen heersende opvatting dat in muziek een maatschappelijke boodschap verscholen moet zijn die de luisteraar aan het denken zet. Hij verzette zich tegen de in zijn tijd heersende trend van 'programmamuziek'. Muziek is geen literatuur, zei hij. 'Iedere componist moet zich bewust zijn van zijn wortels en die liggen in het verleden.'

Busoni was een wereldster die zijn plaats kende. Hij verdient een betere plek dan in een stoffige kist op zolder.

5

De dochter van Buxtehude

Je schrijft niet zomaar een *Matthäuspassion*. Ook Bach heeft het vak van iemand moeten leren. Wij hebben makkelijk praten. De klassieke meesters staan in het gelid om op ons verzoek hun beste waar te leveren. Voor een habbekrats sleep je het complete oeuvre van Mozart uit de drogisterij. We zijn zo verwend dat we luisteren met een beledigende achteloosheid. Een symfonie van Bruckner? We plakken er een moppie van Chopin achteraan en eindigen met de *Canon* van Pachelbel, desnoods in een auto met ratelende motor. Alle dertien goed!

Bach moest het doen met het beperkte repertoire dat hij via zijn vader had leren kennen. Beperkt in relatieve zin. Bach kwam uit een muzikale dynastie, zoals één blik op de stamboom ons leert, en in zijn familie was het kopiëren van muziek tot kunst verheven. Met ganzenveer en inkt werd in hoog tempo een cantate of een mis ettelijke malen overgeschreven om voor alle zangers een exemplaar beschikbaar te hebben. En dat iedere week. Om nieuwe muziek te leren kennen, moest hij op stap. Het verhaal gaat dat hij vanuit zijn huis in Arnstadt honderden kilometers heeft gelopen om de meest spraakmakende musicus van zijn tijd te ontmoeten: Dietrich Buxtehude, organist van de Mariakerk in het Noord-Duitse Lübeck. Bach verbleef er enige maanden om het orgelspel te bestuderen van de man wiens werk bij iedere musicus ontzag afdwong. Georg Friedrich Händel en tientallen andere collega's waren Bach voorgegaan. Ze hadden er een moeizame pelgrimage naar de Hanzestad voor over om de techniek van Buxtehude af te kijken.

Buxtehude herkende talent. Hij stelde eerst Händel en daarna Bach voor om zijn opvolger te worden. Een eervol verzoek, maar in de kleine lettertjes van het contract was een venijnige voorwaarde opgenomen: een huwelijk met zijn dochter. De jongedame moet erg lelijk zijn geweest of een bedorven gebit hebben gehad, want Händel en Bach wisten niet hoe snel ze zich uit de voeten moesten maken.

In onze tijd wordt een organist nog weleens weggezet als een wereldvreemd schepsel dat zijn boterham verdient door op zondag in de kerk het schaarse volk aan te moedigen een psalm mee te mompelen. Dat was vroeger wel anders. Buxtehude (1637-1707) was een centrale figuur in een omvangrijke religieuze organisatie van het welvarende Lübeck. Hij was verantwoordelijk voor het personeelsbeleid van de kerk, hield de begroting in de gaten en organiseerde lucratieve concerten voor rijke kooplieden. Het is een wonder dat Buxtehude nog tijd over had om te componeren.

Het lijdensverhaal van Christus inspireerde hem tot zijn eigen 'Matthëuspassie', de cantatecyclus *Membra Jesu Nostri*. Elk van de zeven cantates neemt een deel van het lichaam van Jezus als onderwerp van een klaagzang; zijn voeten, knieën, handen, zijde, borst, hoofd en hart. De cantates zijn gebouwd volgens een architectuur die we ook bij Bach terugvinden. Aan elke vertelling gaat een instrumentaal gedeelte vooraf dat letterlijk de toon zet voor wat gaat volgen. Het is een spel tussen orkest, koor en solisten dat wordt gestuurd door een populaire middeleeuwse tekst die over het gruwelijke lijden van Jezus geen misverstand laat bestaan. Toch heeft *Membra Jesu Nostri* niet de expressieve dramatische kracht van de *Matthäuspassion*, daarvoor is de muziek te veel ingehouden.

De stijl in Bachs tijd was inmiddels ingrijpend veranderd. De twaalftoonstemming waar juist Bach bij uitstek mee experimenteerde (*Das Wohltemperierte Klavier*) bood eindeloze mogelijkheden tot persoonlijke uitdrukking. De kleine secunde, die een belangrijk onderdeel werd van het gamma, heeft lange tijd zijn expressieve betekenis behouden. Tot er misbruik van gemaakt werd en daarmee slijtage ontstond in de Laatromantiek. Debussy en Stravinsky vonden andere oplossingen om de muziek uit te tillen boven het lijden of zelfmedelijden van de mens. De kracht van Bachs passies is gelegen in het volmaakte evenwicht tussen kleine en grote secundes. Zijn betekenis is uiteraard op de eerste plaats aan zijn genialiteit te danken, maar ook aan de 'technische' mogelijkheden die hem inmiddels ter beschikking stonden. Alleen al daarom is de vergelijking met Buxtehude niet eerlijk. Napoleon zou het met vliegtuigen ook een eind verder hebben geschopt. Automatisch passen we echter onze oren aan en waarderen Buxtehude in de zuiverheid van zijn materiaalbeperking die hij zelf uiteraard nog als een rijkdom en inspiratie ervoer en als Bachs muzikale geweld je te machtig wordt, is de verstilde passie van zijn leermeester een passend alternatief.

&

6

Een opera in kerkgewaad

O p het kerkhof van mijn geboortedorp weet ik de weg. Rechts van de smeedijzeren poort die de kerk scheidt van de katholieke begraafplaats staat het onwaarschijnlijk smalle huis van de koster dat uitziet op de kindergraven. Op kleine marmeren platen staan hun namen gebeiteld, jongens en meisjes die nu meer dan honderd jaar oud zouden zijn wanneer ze niet door een ongeluk of ziekte waren overleden. Door hun dood blijven ze voor eeuwig kinderen. Het pad loopt licht omhoog naar de royale opkamer van de begraafplaats, een groot veld dat door een buxusheg is omsloten. Een smalle opening biedt toegang tot de bergplaats van de meer recente doden, mijn ouders, mijn broer en mijn beste vriend.

Als kind kwam ik er vaak. Vele malen per jaar haalde de dirigent van het kerkkoor me uit de klas van de aanpalende lagere school om mee te zingen in een sobere gregoriaanse requiemmis. Een meerstemmige mis met begeleiding van instrumenten was voor de meeste dorpsgenoten te duur. Uit piëteit met de nabestaanden en in afwachting van een rijksdaalder fooi voegden de jonge vocalisten zich na afloop van de dienst bij de handvol gelovigen op het kerkhof.

Op een zonnige lentedag in 2006 was ik voor het eerst bij een uitvoering van het *Requiem* van Giuseppe Verdi. Er zaten maar liefst driehonderd musici op het podium, onder

wie een gigantisch koor, een stevig orkest en vier topsolis-
ten die de longen uit hun lijf zongen. Het stuk cirkelt rond
het overweldigende *Dies Irae*, dat in angstaanjagende tonen
de dag des oordeels schildert. 'Bazuinen zullen zijn komst
aankondigen en de graven zullen opengaan en een ieder
zal voor Hem moeten verschijnen', dichtte de profeet. Een
ongemakkelijk vooruitzicht.

Het kan ook anders. Gabriel Fauré, die ongeveer in dezelfde tijd zijn onvolprezen *Requiem* schreef, wilde niet graag
aan al die ellende herinnerd worden en liet de dag des oordeels eruit. Hij vermeide zich liever in de rust en vredigheid
die de dood ons schenkt en bereikte dat effect met aanmer-
kelijk geringer middelen. Hij was dan ook geen operacomponist.

Groter nog werden de tegenstellingen in de twintigste
eeuw. Duruflé's sobere *Requiem* en Stravinsky's amper een
kwartier durende *Requiem Canticles* tegenover het groots
opgezette *War Requiem* van Britten, en Ligeti's hoogst complexe en bijna onuitvoerbare meesterwerk.

Verdi (1813-1901) was bij uitstek een operacomponist en
dat is in het *Requiem* in iedere maat te horen. Hij wilde, als
het even kon, Mozart met diens eigen wapenen verslaan.
Muziekdrama in de zuiverste vorm, de pen gedoopt in goddelijke inspiratie. Op 27 december 1869 schreef Verdi aan
zijn uitgever: 'Kan de nieuwe mis de vergelijking doorstaan
met die van Mozart?' Die 'nieuwe mis' waaraan Verdi refe-
reerde was een hommage aan de nagedachtenis van Rossini
die een jaar eerder was overleden. Het was de bedoeling dat
een keur van Italiaanse toondichters ieder een deel van het
requiem voor Rossini zou schrijven. Verdi nam het berustende *Libera me* voor zijn rekening. Het gemeentebestuur
van Bologna geloofde niet in het artistieke succes van deze
collectieve actie en het kwam niet tot een uitvoering.

Veel later haalde Verdi het *Libera me* uit de la voor het requiem dat hij schreef bij de dood van zijn vriend, de schrijver Manzoni. De componist dirigeerde zelf de eerste uitvoering in 1874, precies een jaar na de dood van de schrijver in de San Marco in Milaan.

'Verdi's laatste opera in kerkgewaad,' zo schetste de Duitse dirigent Hans von Bülow het meesterwerk, 'een groot werk bij de dood van een groot mens.'

Verdi is bij het componeren dan ook niet terughoudend te werk gegaan. Dramatische contrasten, opzwepende ritmes, prachtige melodieën roepen emoties op die in de tekst hun oorsprong vinden. Het *Dies Irea*-thema gaat door merg en been. Het fungeert als een rode draad door het werk, waardoor de onderdelen tezamen een sterke eenheid vormen. Verdi wilde in zijn stuk gevoelens van verlies en verdriet uitdrukken, maar ook het menselijk verlangen om aan het einde van het leven vergeven te worden voor gemaakte fouten en daarna in vrede afscheid te kunnen nemen. Het is de bekende tenoraria *Ingemisco* waarin de Heer wordt gesmeekt om genade. De trompetten staan gereed om het hemels oordeel aan te kondigen. Ja, alles bij elkaar is het *Requiem* van Verdi een machtige opera.

Het gregoriaanse requiem is er voor iedereen. Op een frisse herfstochtend worden jeugdige koorzangers van school gehaald. Ze hollen naar de kerk en zingen op het koor Latijnse woorden die ze niet begrijpen. Het doet er niet toe. God vindt het goed. Daarna opent hij de poort.

7

De viool van Jan Siebelink

Ik zag een televisie-interview met de broer van Johan Cruijff. Dat was een pijnlijk gesprek. Er kwamen allerlei familieperikelen ter sprake waar we liever buiten wilden blijven. Iets met schoonzussen. Ik kreeg de indruk dat Henny Cruijff last heeft van de grote afstand tussen hem en zijn beroemde broer. Henny was in zijn jeugd ook een talentvol voetballer, maar niet goed genoeg voor het eerste elftal van Ajax. Dat steekt, tot op de dag van vandaag.

Ik heb een broer die met veel belangstelling mijn loopbaan bij de televisie heeft gevolgd en elke gelegenheid benut om me over de kwaliteit van mijn werk een veer in het achterwerk te steken. Mijn broer is een begaafd maar bescheiden docent aan het conservatorium en hij heeft daarom grote bewondering voor iemand die de minister-president een lastige vraag durft te stellen. Maar toen ik als verteller werd ingehuurd voor een concert in De Doelen in Rotterdam reageerde hij minder enthousiast. Was de muziek niet zíjn terrein? Hij zat tijdens het evenement in de zaal en vertelde achteraf eerlijk dat hij enig leedvermaak niet had kunnen onderdrukken bij een verkeerde aankondiging die ik maakte, waarmee ten overstaan van een volle zaal de dirigent door mij een moment op het verkeerde been werd gezet. We hebben erom kunnen lachen, je blijft tenslotte broers.

De schrijver Jan Siebelink vertelde me onlangs dat hij op de kweekschool in Arnhem muziekles kreeg van Co van Beinum, een aardige man die slecht orde kon houden. Overal spoorde hij goedkope instrumenten op voor zijn pupillen, maar slechts bij een enkeling ontmoette hij werkelijk enthousiasme voor de muziek. Co van Beinum was een uitstekende violist, maar zijn talent schoot tekort om van louter optreden te kunnen leven. Voor de Tweede Wereldoorlog speelde hij met vreugde in een kamerensemble samen met zijn negen jaar jongere broertje Eduard die hij met energie, geld en liefde had gesteund om diens talent tot volle wasdom te laten komen. Met succes: Eduard werd een groot dirigent, de opvolger van Willem Mengelberg bij het Concertgebouworkest. Veel verder kon een musicus het in Nederland niet brengen.

Co was 'de broer van' geworden, geen bemoedigende status voor iemand die van plan is zijn leven te wijden aan het mooiste dat de kunst te bieden heeft. Hij was immers een rasmusicus die als soloviolist, maar ook in kamerensembles zijn ongewoon talent liet klinken. Hij leidde grote koren en genoot van de mogelijkheid zijn stempel op de uitvoeringen te drukken. Hij was niet jaloers op Eduard, integendeel, hij was trots op zijn beroemde broer. In de klas sprak hij weleens over Eduard, over diens internationale doorbraak en dan kwam er een glans van warmte in zijn blik. Hij kreeg er de klas niet mee stil.

Slechts eenmaal had Siebelink zijn leraar vrolijk meegemaakt. Dat was op de dag dat de jonge Siebelink een viool meenam. Het was een Amati, een instrument van wereldfaam dat zijn vader, de hoofdpersoon uit *Knielen op een bed violen*, in bruikleen had gekregen van een welgestelde buurvrouw 'zodat die jongen les kan nemen'. Van Beinum bloosde van verrukking toen hij de viool tegen zijn kin klemde.

'Wat een rijke klank,' fluisterde Co, die spontaan de zwaarmoedige melodie uit het eerste vioolconcert van Max Bruch begon te spelen. Het werd ongewoon stil in het lokaal, alsof de leerlingen voelden dat hun leraar die paar minuten ergens anders was, in een wereld waar hij gelukkig was. De pure romantiek van het concert liet zelfs de meest geharnaste kwelgeest niet onberoerd.

Tijdens een van de lessen viel Co van Beinum flauw. Siebelink dacht dat de man dodelijk was getroffen door een hartaanval en herinnert zich hoe zijn leraar op een brancard het klaslokaal uit werd gedragen richting ambulancewagen.

De familie zegt dat Van Beinum heeft genoten van een prettige oude dag met kinderen en kleinkinderen, terugdenkend aan het mooie dat een leven met muziek kan bieden en zijn warme relatie met vrienden en kennissen. Niet hij, maar zijn broer Eduard stierf in het harnas: 'op de bok' van de dirigent, 13 april 1959. Hij repeteerde met 'zijn' Concertgebouworkest en overleed aan een hartaanval. De Amati is stilzwijgend het eigendom geworden van de schrijver Siebelink, de viool hangt aan de wand in zijn huis in Velp. Af en toe, in de auto, hoort Siebelink het concert van Bruch. De muziek herinnert hem aan vroeger, aan de droevige aanblik van zijn muziekleraar op die brancard, de geur van de bloemen in de kwekerij van zijn vader en altijd weer de belofte van het voorjaar.

∞

8

Muziek voor een gevallen engel

cht uur voor zijn fatale handeling nam hij de telefoon nog op. Maar de verbinding werd verbroken. Achteraf bleek dat hij alle vrienden die contact met hem zochten op zijn mobiele telefoon had weggedrukt. Hij was reeds bezig met de voorbereidingen op de dood. Een homoseksuele, ongelukkige, lieve man had geen zin meer in goedbedoelde woorden die te pletter sloegen tegen een rots van somberte. Van alles wist mijn vriend Jacob kunst te maken, behalve van het leven. In het voorjaar van 2007, één dag voordat hij in het academisch ziekenhuis zou worden opgenomen voor een behandeling van zijn depressie, maakte hij een einde aan 'een leven vol hoogtepunten en diepe dalen', zoals in de rouwkaart stond.

Op de dag van zijn crematie begon ik aan het nieuwe boek van Connie Palmen, *Lucifer*. Een knappe roman over de tragische dood van Marina Schapers, de vrouw van componist Peter Schat (1935-2003). In het boek hebben de hoofdrolspelers een andere naam, het is tenslotte een roman en de gebeurtenissen hebben misschien wel zo, maar misschien ook heel anders plaatsgevonden. Het is het verhaal over de val van een mooie vrouw, op 26 juli 1981 in Skyros, Griekenland. Ze zit halfdronken op de balustrade van het terras aan de rand van een ravijn. Ze kijkt naar haar man die flirt met twee Amerikaanse jongens. Hij praat met hen over de dood van Tsjaikovsky. Marina is boos, met woord en gebaar probeert ze de aandacht van haar man te trekken en dan valt ze veertig meter in de diepte te pletter op de rotsige bodem. 'Onze engel is gevallen', zou Schat in de rouwadvertentie zetten. Heeft hij op het terras tegen haar gezegd: 'Val dood' of alleen maar zo gekeken? *Lucifer* vertelt het verhaal over een megalomane, homoseksuele componist die behalve van de muziek, ook van het leven kunst wil maken. Peter Schat dus. Hij heeft de tijdgeest mee. Het is de tijd van de provo's, in de liefde kan alles, maar ook in de kunst zijn weinig grenzen. Begonnen als waarschijnlijk de eerste Nederlandse twaalftoonscomponist, pas zo'n vijfentwintig jaar nadat Schönberg dat wonderlijke systeem ontwikkelde, kwam hij samen met zijn vrienden in een moeilijk conflict: progressief politiek denken laat zich moeilijk combineren met progressief artistiek denken. De werkende massa's waarmee ze zich wilden identificeren hebben weinig aan muziek waarin de dissonant wet is. Zij trachtten dit probleem te bestrijden in de opera *Labyrinth*, die waarschijnlijk geen arbeider heeft bezocht, maar het elitepubliek kon zich vorstelijk vermaken met een fantasievol mengsel van klassieke flarden, popmuziek en modernismen. Veel herrie, veel elektronische instrumenten, basgitaren en Hammond-orgels, want herrie is het geluid van 'het volk'. In feite was het een wat naïef gedweep met Che Guevara en Mao Zedong. Schat heeft zich daar later nadrukkelijk van gedistantieerd, wat hem op ruzie met Harry Mulisch kwam te staan. De vriendschap met de andere jongens, Louis Andriessen, Van Vlijmen, Mengelberg, Reinbert de Leeuw, bekoelde eveneens. Schat schreef in die periode wel enige zeer sterke werken, zoals *To You*, die veelal in de open lucht werden uitgevoerd. Boeiende muziek, een goede synthese van popmuziek en nieuwe klassieke technieken, maar 'het volk' werd er niet mee bereikt. Schat sloeg opnieuw een andere weg in. Hij wilde terug naar de concertzaal, naar het elitepubliek dat hij zo lang verguisd had. Door zijn vrienden wordt hij vanaf dat moment niet meer serieus genomen en ook het concertpubliek sluit hem niet echt in de armen.

Deze onverdiende miskenning verbittert hem en versterkt zijn identificatie met Tsjaikovsky (1840-1893), die volgens sommige biografen zijn herenliefde met de dood heeft moeten bekopen. Schat werkte aan een opera over de laatste dagen van de immens populaire Rus. Een geheim tribunaal zou hem hebben opgedragen zelfmoord te plegen. Homoseksualiteit was in Rusland verboden en met de zelfgekozen dood voorkwam hij een veroordeling tot langdurige gevangenisstraf. De componist bezweek voor de druk en dronk opzettelijk water dat met cholera was besmet.

Acht dagen voor zijn dood had Pjotr Iljitsj Tsjaikovsky nog zijn zesde, 'mijn beste' symfonie, de *Pathétique* gedirigeerd. De première werd een desillusie. Het publiek reageerde lauw, het was vooral ontevreden over het sombere einde met de wegstervende bassen. Had hij zijn eigen requiem geschreven, zoals Schat beweerde? Voelde hij het einde naderen? De *Pathétique* is ook zonder dat verhaal een meesterwerk, de symfonie der symfonieën met een krachtige ouverture, twee sprankelende snelle delen in het midden en een aangrijpende klaaglied als slot.

Het is de treurzang voor een gevallen engel.

෴

9

De grote tango van Ástor Piazzolla

Ik heb de traan van Máxima niet 'live' gezien. Later op de dag van de huwelijksinzegening wel, in een samenvatting van het prinselijk huwelijk, verzorgd door de NOS. De televisie brengt alles heel dichtbij, ook deze traan, die tijdens de aanzwellende muziek aan het oog van de prinses ontsnapte en halverwege de wang liefdevol werd opgevangen door een wit zakdoekje. Geleund op de bar van de kroeg in Buenos Aires keken Argentijnse mannen ontroerd naar het kleine televisiescherm boven de jukebox. Ze hoorden, terwijl Máxima's traan zich in beweging zette, muziek van 'hun' Piazzolla. Een muzikale groet aan vader Zorreguieta die om politieke redenen niet bij het huwelijk van zijn dochter aanwezig mocht zijn en ergens op een hotelkamer samen met zijn vrouw het emotionele tafereel aanschouwde. Wat ging er in hem om toen Carel Kraayenhof in de kerk *Adios Nónino*, 'vaarwel vader', op de bandoneon speelde? De muziek bleef lang hangen. De roem van Kraayenhof ook. Voor zijn inzet 'voor het verspreiden van de tango' werd de Nederlander in Buenos Aires gelauwerd met de hoogste culturele onderscheiding van Argentinië. De sympathieke Amsterdammer heeft door deze gebeurtenis gelukkig de wind in de rug gekregen. Met veel enthousiasme werpt hij zich op nieuw repertoire voor zijn aparte instrument.

De accordeon is voor het kleine café in de haven, de bandoneon voor het verdriet van Argentinië. Vader Piazzolla kocht het instrument voor zijn achtjarige zoon voor negentien dollar van een pandjesbaas. Astor speelde ermee alsof de bandoneon een logische schakel was tussen zijn kleine handen. Op schoot duwde en trok hij aan de lange leren balg op het ritme van de tango. De lucht perste zich door de kleine gangetjes in het binnenste van het instrument, daar waar de warme klank ontstaat.

Wanneer de muziek van Ástor Piazzolla (1921-1992) klinkt, is Argentinië nooit ver weg. Zijn tango's zingen een lied van verlangen. Het volk snakte naar passie, opwinding en vrijheid die het in de repressie van opeenvolgende regimes lang heeft moeten missen. Maar de charme van de muziek reikte tot ver over de grenzen van Argentinië, over de oceaan tot in de Nieuwe Kerk van Amsterdam, waar de noten een gevoelige snaar raakten bij een Argentijnse vrouw die trouwde in de polder.

Piazzolla's werk heeft helaas door overwaardering in de jaren tachtig een wat kitscherige uitstraling gekregen, die van salonorkestjes die nog met hun tijd willen meegaan, en van een reclameachtig sentiment. Hij was echter wel degelijk een componist van gewicht, die ook symfonische werken en kamermuziek schreef. Maar de pastiche die Stravinsky van de tango maakte toen Piazzolla nog een kind was, zal hij nooit evenaren. In zijn beste stukken benadert hij het niveau van Chopins Mazurka's en Bartóks Roemeense dansen en overtreft hij de songs van Gershwin en zeker de ragtimes van Scott Joplin. De kunst van volksmuziek in de kern raken en toch in een net jasje steken is maar weinigen gegeven. Dat zulks bij hem ook zonder de onvermijdelijke bandoneon lukt, blijkt uit een van zijn beste tango's die hij componeerde voor de inmiddels overleden Rostropovitsj. Deze grote cellist was gevlucht voor het communistische regime dat de muziek voor het volk zogenaamd hoog in het vaandel had. Maar de authenticiteit van componisten werd met voeten getreden. Rostropovitsj bewees het hart op de goede plek te hebben. Hij liet zich niet beperken. Integendeel, hij streed voor artistieke vrijheid. Dat had hij al ruimschoots gedaan in de vele premières die hij verzorgde van speciaal voor hem gecomponeerde werken van Prokofjev en Sjostakovitsj, maar ook van Britten. In diens *War Requiem* figureerde hij bovendien als dirigent bij de première. Voor deze Mstislav Rostropovitsj, de Russische tovenaar die speelde alsof zijn instrument geen technische beperkingen kende, schreef Piazzolla zijn beste stuk. *Le Grand Tango* is geen pure muzikale acrobatiek, maar een spannende reis door het muzikale landschap van Piazzolla. We warmen ons in de avondzon van zijn geboorteland. We swingen in New York waar hij opgroeide. We proeven de elegantie van Parijs, waar hij verliefd werd, en we raken buiten zinnen in de spetterende finale die eindigt als een zweepslag. Rostropovitsj voerde de grote tango voor cello en piano in 1990 voor het eerst uit in New Orleans. Er is helaas geen opname beschikbaar van het spraakmakende concert, maar we troosten ons met een uitstekende uitvoering door de musicus die zich in elke cultuur lijkt te kunnen verplaatsen: Yo-Yo Ma.

De traan is opgedroogd, de band speelt, het podium is vrijgemaakt, de bruid opent de dans.

∞

10

Hond bijt pianola

Houden dieren van muziek? Er bestaan zangvogels en we hebben het bij slecht vioolspel soms over kattengejank, maar wetenschappelijk onderzoek op dit terrein is schaars. Wat te denken van het geblaf van honden? Mogen we deze viervoeters ook beschouwen als muzikale dieren? In de puberteit had ik alle tijd om deze kwestie te bestuderen omdat ik als gevolg van een onduidelijke infectieziekte maandenlang het huis niet mocht verlaten. Omdat ik me niet ziek voelde, zag ik de ouderlijke woning als een gevangenis waarin de relatie met de cipiers, mijn ouders, met de dag verslechterde. Ik verveelde me stierlijk en was voor afleiding aangewezen op de radio, de grammofoon en Jessie, mijn favoriete huisdier, een hond van het type Cocker Spaniel.

Jessie was uitzonderlijk muzikaal. Dat wil zeggen dat hij geconcentreerd luisterde naar mijn muziekkeuze en pas de kamer van zijn zieke baasje verliet als het slotakkoord van een concert had geklonken en ik de geluidsdrager uitzette. Daarbij keek hij me nog even aan, alsof hij toestemming vroeg de kamer te mogen verlaten. Bij sommige platen, ik herinner me een aria van Mozart, jankte hij. Vals, dat wel, maar met gevoel voor timing. Hij wachtte zijn moment af, na de instrumentale introductie en op het moment dat de zangeres zich vocaal beklaagde over het gebrek aan erotische belangstelling van een bepruikte man liet Jessie een hoog jankend geluid horen. Ik wist het zeker: honden hebben gevoel voor muziek.

Een sterk bewijs daarvan werd geleverd door Nipper. Hij heeft een onaantastbare plaats in de top-tien van de meest geliefde honden uit de twintigste eeuw, na Bobbie, Lassie en uiteraard Pluto. Nipper was het huisdier en de enige levenspartner van de Londense decorbouwer Mark Barraud. Samen luisterden ze in het chique appartement in Gloucester Palace naar klassieke muziek die klonk uit de hoorn van een fonograaf, de voorloper van de grammofoon. Barraud overleed en Nipper kwijnde weg naast het zwijgende apparaat. Met priemende oogjes loerde de witte foxterriër in de koperen hoorn in de verwachting dat daaruit de vertrouwde stem van zijn overleden baasje zou klinken. De broer van Mark Barraud, Francis, kunstschilder van beroep, maakte van dat ontroerende tafereel een schilderij dat hij *His Master's Voice* noemde. De Britse Gramophone Company was er zo van gecharmeerd dat ze van de titel haar merknaam maakte. Nipper was voortaan het icoon van een platenbedrijf.

Uit de nalatenschap van mijn ouders bewaar ik een stapeltje zwarte schijven met een populaire selectie uit het werk van Johann Sebastian Bach. Op de hoes staat afgedrukt: 'Bach hooren wanneer ge ertoe in de stemming zijt.' Boven de tekst waakt Nipper.

Hoe lief ook, het beest heeft een moord op zijn geweten. De komst van de grammofoon maakte een einde aan het korte maar spectaculaire leven van de pianola, een instrument dat kon spelen zonder pianist. De musicus was vervangen door papieren rollen. Daarin waren aan de hand van de partituur gaatjes geponst die het mechaniek aanstuurden. Met behulp van een elektromotor ging de rol draaien en bewogen de toetsen zonder dat er iemand in de buurt was. Een scène uit een spookhuis.

De best klinkende pianola werd precies honderd jaar geleden op de markt gebracht door de firma Welte Mignon, ze maakte de 'Rolls Royce' onder zijn soortgenoten. De wonderlijke machine kostte destijds vierduizend gulden, omgerekend naar nu ruim een ton euro. Het was een speeltje voor de rijken en voor componisten die er graag hun eigen werk op inspeelden. Edward Grieg noemde de pianola een uitkomst: 'Nog meer van zulke uitvindingen en de conservatoria kunnen hun poorten wel sluiten, wat overigens een hele vooruitgang zou zijn.'

Toen kwam Nipper met zijn koperen toeter. De grammofoon was een stuk goedkoper en werd een massaproduct. Daarmee was de rol van de pianola na dertig jaar uitgespeeld. Overal in de wereld werd het prachtige mechaniek met brute hand uit de antieke kasten gesloopt. De papieren rollen werden in de kachel geworpen, muziekgeschiedenis verbrand.

Gelukkig is er nog een aantal historische exemplaren bewaard ingespeeld door beroemde componisten/pianisten als Rachmaninov, Mahler, Prokofjev, Debussy en Ravel. Daardoor kunnen we nu nog horen hoe zij hun eigen stukken interpreteerden. Af en toe worden van die uitvoeringen cd-opnamen gemaakt. Zo ontdekten musicologen dat Claude Debussy opvallende tempowisselingen in de *Préludes* speelde die hij verzuimd had aan te geven in de partituur.

We leven nu in het tijdperk van iPod en MP3. De pianola staat in het museum. En ook Nipper zien we niet meer, de stem van His Master's Voice zwijgt.

De weg naar genot
loopt via de muziek

De paar kennissen die ik heb overgehouden aan mijn kortstondig verblijf op het conservatorium zijn met elkaar getrouwd. Het leek wel of de opleiding een geheim selectieprogramma bevatte voor toekomstige levenspartners, zoveel stelletjes ontstonden er al tijdens het eerste studiejaar. In de kantine werd het schuchter handje vasthouden (*Spuiten en slikken* bestond nog niet) gecombineerd met het enthousiast loeren in de partituur van een symfonie van Mahler. Liefde en muziek staan dicht bij elkaar, veel meer heb je in het leven niet nodig. 'Een relatie met iemand die Schubert niet begrijpt, moet worden ontraden,' oreerde een gescheiden docent die later met een Aziatische leerlinge zou huwen.

De prachtige roman van Ian McEwan *Aan Chesil Beach* gaat niet alleen over een dramatische huwelijksnacht, maar ook over het wederzijds onbegrip in een relatie tussen een violiste en een historicus. Zij houdt niet van blues en rock en hij houdt niet van klassieke muziek. Hij doet zijn uiterste best om Mozart te waarderen. Urenlang ligt hij op het bed in haar studeerkamer te luisteren naar het spel van zijn geliefde, die passages oefent 'met een bijna hooghartige uitdrukking die hem prikkelde. Die blik had zo'n zekerheid, zo'n kennis van de weg naar genot.' De violiste, Florence, heeft een strijkkwartet opgericht met drie medestudenten.

Ze probeert aan haar vriend Edward uit te leggen wat de muziek, en meer in het bijzonder het kwartet, allemaal met haar doet. Florence zei tegen Edward dat ze geen ander leven zou willen, dat ze niet zou kunnen verdragen om haar tijd te verknoeien ergens achter in een orkest, gesteld dat ze al een plek zou kunnen krijgen. Met het kwartet was het werk zo intensief, het beroep op de concentratie zo enorm – want iedereen was een soort solist – en de muziek zo mooi en rijk dat ze telkens als ze een stuk in zijn geheel speelden, iets nieuws ontdekten. Ze zei dit allemaal in het besef dat klassieke muziek niets voor hem betekende.

Het is duidelijk dat de schrijver McEwan veel van muziek begrijpt. Hij schetst een botsing van culturen, een kloof in haast zintuiglijke waarneming die onvermijdelijk moet leiden tot een emotioneel drama. In de huwelijksnacht wordt duidelijk dat Florence maar één weg kent naar het genot: via de muziek.

Parijs. Een warme voorjaarsavond. In de elegante Salle Cortot van het gelijknamige conservatorium wonen we een masterclass bij van de 73-jarige pianist en dirigent Philippe Entremont, een zwaarlijvige man wiens voorkomen het midden houdt tussen commissaris Maigret (gespeeld door Jean Gabin) en Jean-Marie Le Pen. In Frankrijk is Entremont beroemd om zijn verrassende en subtiele interpretatie van bekende meesterwerken. 'De eenvoudigste stukken,' houdt hij zijn leerlingen voor, 'bevatten in vrijwel elke maat een valkuil.' Het zaaltje is gevuld met familie, vrienden en medestudenten van de technisch begaafde Russin Sofja Gülbadamova, een 26-jarige pianiste die de *Sonate in A majeur* van Schubert speelt (D664). Wij zijn onder de indruk van haar spel, maar bullebak Entremont maakt, onzichtbaar voor de pianiste, afkeurende gebaren. Hij vindt dat ze hier te snel speelt en daar te hard en zal haar dat na het wegsterven van het slotakkoord, gebogen over de vleugel, ook vertellen. Het publiek luistert ietwat gegeneerd mee naar zijn met stemverheffing uitgesproken aanwijzingen, maar voelt ook bewondering voor de maestro, die accenten toevoegt aan haar spel waardoor de muziek van Schubert plotseling gaat leven. Het lijkt alsof Sofja nu pas, na zoveel jaren studie, begrijpt wat de componist met zijn muziek bedoelt.

Zuchtend zet ze zich aan haar tweede en laatste opdracht, een uitdaging voor technisch kunnen: het *Scherzo no. 2* van Chopin. We vrezen dat Entremont gehakt zal maken van de virtuoze exercitie, maar ook nu verrast hij ons. Hij maakt een buiging en brult 'chapeau'.

Na afloop zien we Sofja in een hoek van de hal. Een jongeman heeft een arm om haar heen geslagen. Ze buigen zich over de partituur van Schuberts pianosonate. Ze wijzen naar de plekken die Entremont van commentaar voorzag.

En zien de weg naar genot.

⬥

De Zweedse Mozart

Op een dag ontving ik een verzoek van de Zweedse ambassadeur. Hans Magnusson heet hij. Te oordelen naar zijn portret dat de website van de ambassade siert, is het een vriendelijke man van middelbare leeftijd. Hij heeft kunst en cultuur gestudeerd, zeven talen onder de knie gekregen en een studie afgerond over de buitenlandse politiek van de Sovjet-Unie.

Gelet op de ontspannen relatie tussen Nederland en Zweden lijkt het leven van een Zweedse diplomaat me een feest. Een mooi huis in de residentie. In de hal een portret van koning Karl Gustav en diens bevallige echtgenote Sylvia. Af en toe in avondkleding naar een receptie van een bevriende ambassadeur. Een keer in de week een ambtsbericht schrijven voor de minister in Stockholm. Wat staat daar zoal in? Zou het bijvoorbeeld melding maken van het overlijden van de volksschrijver Gerard Reve die, als er bezoek dreigde te komen, zijn vrouw Hanny Michaelis vroeg Mozart op de piano te gaan spelen om te tonen 'dat we niet van de straat zijn'. Of staat er: 'De acceptatie van vreemdelingen levert in Nederland forse discussies op, maar onze landgenoten hebben niets te vrezen. Een verzoekschrift geschreven aan de heer Witteman van het dagblad *de Volkskrant* om eens aandacht te besteden aan onze nationale trots, de componist Kraus, de Zweedse Mozart.'

De aan mij geadresseerde enveloppe bevatte niet slechts een brief. Voor het gemak stuurde Magnusson een boekje over Kraus mee, getiteld *Zweedse muziekportretten. Deel 1*. Ik ben benieuwd naar de andere delen, want het land heeft bij mijn weten weinig musici van betekenis voortgebracht. Ik heb weleens flarden van een strijkkwartet van Wikmanson gehoord, maar diepe indruk maakte deze compositie niet. De beroemdste Zweedse muziek is volksmuziek, uitgevoerd door vissers gekleed in kniebroek en mouwloze vesten bij een kampvuur. De mannen hebben zware stemmen en worden begeleid door een accordeon en een viool. De ware voorvaders van Abba.

Joseph Martin Kraus (1756-1792) werd in hetzelfde jaar geboren als Mozart, maar daar houdt de overeenkomst met het Oostenrijkse wonderkind mee op. Kraus was eigenlijk geen Zweed, maar een Duitser. Hij verhuisde pas op zijn tweeëntwintigste naar Stockholm, gelokt door kleurrijke verhalen over het rijke culturele leven aan het hof van koning Gustav III. Dat viel tegen. De jonge musicus leefde drie jaren in bittere armoede voordat de vorst het talent van Kraus ontdekte en hem aanstelde als kapelmeester. Hij verdiende er driehonderd dukaten per jaar mee en mocht reizen maken langs de belangrijkste culturele centra van Europa. Terug in Stockholm werd Kraus een centrale figuur in de kunsten, tot zijn geliefde beschermheer, koning Gustav, op een gemaskerd bal in maart 1792 door een trouweloze volgeling werd doodgeschoten. Voor de begrafenis componeerde Kraus een schitterende rouwcantate.

De tocht door Europa had Kraus onmiskenbaar beïnvloed. Zijn muziek doet denken aan die van zijn leermeester Gluck, met verwijzingen naar Haydn. Prikkelend, sfeervol en vernieuwend. *Sturm und drang* klinkt door in zijn opera's, vreugdevolle vrijheid in zijn piano- en vioolsonates. Hij laat de muziek haar eigen weg gaan en weet zich soms een beetje los te maken van de toen heersende mode in Europa, maar Beethovens revolutionaire kracht is nog ver te zoeken. De sonatevorm en zijn tonale korset zijn nog heer en meester. Terzijde: wat bekendstaat als sonatevorm is niet, wat je zou denken, de vorm van een sonate, maar die van het eerste deel van een meestal vierdelige sonate of symfonie. Dit eerste deel heeft de grootste dramatische impact en lijkt enigszins op een toneelstuk in drie actes. Het begint met de expositie waarin twee figuren in verschillende toonsoorten tegenover elkaar geplaatst worden (veelal een mannelijk en een vrouwelijk thema), gevolgd door de doorwerking waarin beide figuren jammerlijk met elkaar in conflict komen maar na het hoogtepunt in de 'reprise' elkaar weer terugvinden in dezelfde toonsoort.

Tonaliteit had in de tijd van Kraus nog dezelfde betekenis als *relatie en macht* die het leven beheersten. God-mens, vader-zoon, koning-onderdaan etcetera. Kraus hield zich daar allemaal nog braafjes aan, maar een redelijk componist hoeft ook niet per se een vernieuwer te zijn. Dat hebben Rachmaninov en Elgar wel bewezen. Wat telt is in de eerste plaats kwaliteit en die had zijn muziek zeker wel.

De ambassadeur had wel een beetje gelijk: Kraus was een bijzondere componist. Maar hij was geen Mozart. En trouwens ook geen Zweed.

13

Kan muziek politiek fout zijn?

Kun je ontroerd luisteren naar de *Eroica* van Beethoven en kort daarna een bus met kinderen opblazen? Het antwoord is helaas 'ja'. Muziek kan een gevaarlijk gereedschap zijn in handen van lieden die propaganda maken voor een verkeerd doel. Je hoeft niet over een buitengewoon geheugen te beschikken om de opzwepende klanken op te roepen die troepen van een vijandig leger begeleidden naar een te veroveren gebied. Hitler luisterde graag naar klassieke muziek en zijn liefde voor Wagner stoelde niet alleen op diens antisemitisme en passie voor de Germaanse mythologie. Hij had wel degelijk een ontwikkelde muzieksmaak en waardeerde ook de subtiele schoonheid van de liederen van Hugo Wolf, die zelfs nu nog slechts een kleine groep kenners bereikt. In de film *A Clockwork Orange*, naar het gelijknamige boek van Anthony Burgess, laat regisseur Stanley Kubrick de gruwelijkste dingen gebeuren, begeleid door klanken van Beethoven. Het verhaal draait om de jeugdcrimineel Alex. Therapeuten die hem behandelen noemen muziek 'nuttig therapeutisch gereedschap om emotioneel op hoger niveau te komen'. Dat hebben ze geweten. Alex laat zich voor zijn gewelddadig gedrag voortaan inspireren door kameraad Ludwig. Niet alle mensen worden 'Brüder'.

We kunnen de componist er niet op aanspreken. Dat

Beethoven het titelblad van de *Eroica*, aanvankelijk aan Napoleon opgedragen, verscheurde toen deze de revolutie verried door zichzelf tot keizer te laten kronen, komt dichter bij de uitspraak van de in Argentinië geboren Israëlische dirigent Barenboim.

'Wie zich overgeeft aan de muziek heeft weinig tijd meer voor radicalisme,' zegt Barenboim. Hij gelooft dat muziek zo veel inhoud geeft aan het leven dat de innerlijke ruimte te klein wordt voor blinde haat jegens de buurman. Plat gezegd: politiek drijft mensen uiteen, muziek brengt mensen samen. Dat is Barenboims drijfveer om met een orkest bestaande uit jonge talentvolle mensen uit het Midden-Oosten verzoeningsconcerten te geven op betekenisvolle plekken. Met als voorlopig hoogtepunt een optreden in 2006 in Ramallah, de hoofdstad van de Palestijnse staat op de Westelijke Jordaanoever. De angstige Joodse jongeren uit Barenboims West-Eastern Divan Orchestra waren na afloop opgelucht over de vredelievende sfeer op deze voor hen onveilige plek. Zou Beethoven dan echt volkeren verbroederen?

Barenboim geniet van de aandacht die hij krijgt voor zijn muzikale luchtbrug, niets menselijks is hem vreemd. Maar, zegt Barenboim, van cynisme en wegkijken wordt niemand beter.

Van muziek wel? Vrijwel onmiddellijk na het verstommen van het uitzinnige applaus in Ramallah klonken alweer de eerste schoten van grensschermutselingen aan de Israëlisch-Palestijnse grens.

Tijdens de Tweede Wereldoorlog kwamen dirigenten en componisten voortdurend voor pijnlijke keuzen te staan. Optreden voor de nazi's? Stukken van Joodse componisten van het repertoire schrappen? Joodse musici ontslaan uit het orkest? De Hongaarse pianist en componist Ernö

Dohnányi (1877-1960) vertikte het. Hij weerstond de druk van de fascisten en beschermde de Joodse musici van zijn Hongaarse radio-orkest tot het ensemble twee maanden na de inval van de Duitsers in 1944 werd opgeheven.

Dohnányi hield zich daarna afzijdig van politiek. Dat wekte wantrouwen, eerst bij de nazi's, daarna bij de communisten en uiteindelijk ook bij de autoriteiten van de Verenigde Staten waar hij asiel kreeg. De op niets gebaseerde geruchten als zou hij hebben geheuld met de Duitsers bleven hem tot zijn dood achtervolgen. Als pianist werd hij geboycot, zijn stukken werden nauwelijks uitgevoerd. Matthias, zijn favoriete zoon, was als kapitein in het Hongaarse leger gedood tijdens een gevecht met de sovjets, zijn oudste zoon Hans werd door de nazi's opgehangen, omdat hij betrokken was bij een poging Hitler te vermoorden.

Aan het einde van zijn leven kreeg Dohnányi een baantje als docent aan de universiteit van Tallahassee in Florida. Collega's vochten voor zijn rehabilitatie, maar kort voordat het zover was, overleed hij tijdens een plaatopname in New York.

Dohnányi was een virtuoos pianist en als componist enigszins onderschat, omdat hij niet echt een eigen idioom wist te ontwikkelen, zoals landgenoot Kodály, om over Bartók maar te zwijgen. Vernieuwend was hij al helemaal niet en wie zijn kostelijke variaties voor piano en orkest op het kinderliedje 'Altijd is Kortjakje ziek' hoort, waant zich deelnemer van een quiz: welke componist horen we nu? Brahms? Bruckner? Elgar? Steeds laatromantiek van de hoogste plank. In Nederland hadden we ook zo'n man: Julius Röntgen. Het niveau is hoog, maar je mist de vertrouwdheid van de persoonlijke spraak.

Toch doen sommige stukken van Dohnány niet onder voor werken van Brahms. De milde Slavische klanken van de *Serenade voor strijktrio* houden je nog dagen na het beluisteren gevangen en roepen mededogen op met het lot van de componist. Het is muziek die je verzoent met het leven en zelfs met een agressieve buurman.

14

De Duruflé-code

D e pastoor haat *De Da Vinci Code*. De herder van de kerk St. Sulpice in Parijs loert vanuit zijn biecht-stoel met ingehouden woede naar de drommen toeristen die met 'dat rotboek' in de hand naar het altaar schuifelen. Al die leugens die erin staan! Over Jezus die getrouwd was en kinderen had. Dat verhaal over een non die hier in opdracht van de kerk zou zijn vermoord door een albino! Je ziet de toeristen om zich heen kijken alsof ze ver-wachten dat de stoffelijke resten van het Da Vinci-nonnetje ergens zijn opgebaard. Pastoor Roumanet heeft in wanhoop voorgesteld de kerk te sluiten tot die Da Vinci-hype voorbij is, maar 'Rome' is tegen. In arren moede heeft de priester bij de ingang een pamflet opgehangen waarin hij de groot-ste onzin uit 'een populaire bestseller' weerlegt. Helaas, de lezers van Dan Brown geloven liever het boek.

De St. Sulpicekerk ligt aan een prachtig plein in het hart van Parijs. Ik kom er voor een concert. Aan een van de brede pilaren van het middenschip hangt een affiche met een foto van Maurice Duruflé. Zijn *Requiem* wordt hier uitgevoerd met groot koor en orkest. Ik ken het stuk van naam, want op cd's met het *Requiem* van Fauré staat steevast ook dat van Duruflé. Maar als de engelen van Fauré zijn uitgezongen wil je even geen andere muziek meer horen. Toch doen we daar Duruflé grandioos mee tekort.

Maurice Duruflé (1902-1986) baseerde zijn compositie op de gregoriaanse dodenmis. Hij kon niet anders, want de introverte musicus hoorde dag en nacht gregoriaanse gezangen in zijn hoofd. Dat was de schuld van zijn vader, die Maurice op tienjarige leeftijd onaangekondigd naar de koorschool in Rouen bracht. Hij liet er zijn zoon huilend achter voor een strenge katholieke opleiding met God, gebod en gezang, die acht jaar zou duren. Achteraf constateerde Duruflé dat hij er behalve een trauma ook iets moois aan had overgehouden: het gevoel van puurheid en devotie dat opwelt bij het zingen van gregoriaanse muziek. Aan de nagedachtenis van zijn ondanks alles geliefde vader droeg hij later het *Requiem* op dat vanaf de eerste maat hypnotiseert door de kleurrijke combinatie van eeuwenoude melodieën en heldere klankvorming. In dromerige maar nergens zweverige muziek begeleidt Duruflé de ziel van de overledene naar het paradijs, een emotioneel duet tussen de liefde en de dood.

Het stuk staat natuurlijk niet voor niets vaak samen met het *Requiem* van Fauré op een cd. De compositie past in een traditie van Franse dodenmissen die van Fauré, via André Caplet, Lili Boulanger en Jehan Alain naar Duruflé voert. Het hele idee van zijn requiem ontstond toen Duruflé werkte aan een suite voor orgelsolo en daarvoor de eerste maten van de gregoriaanse dodenmis gebruikte. Die noten bevielen hem zo goed dat hij besloot ze als inspiratiebron te gebruiken voor een groot muziekstuk dat zou aansluiten op de middeleeuwse liturgie, maar ook recht zou doen aan de typische klankkleur van de Franse kerkmuziek. Daarbij greep hij terug op de serene sfeer die de muziek van Fauré zo kenmerkt. Hij gebruikt dezelfde tekst, kiest voor hetzelfde ritme en geeft het orkest dezelfde rol op de achtergrond. Maar zijn taal is expressiever en gevarieerder per onderdeel. De componist zei in een toelichting dat zijn requiem vooral was gebaseerd op het 'heilige' gregoriaanse voorbeeld: 'Af en toe heb ik het notenbeeld exact gekopieerd, waarbij de orkestpartij slechts ondersteunt of commentaar geeft, soms gebruikte ik het gregoriaans als aanzet voor mijn eigen melodieën, waarvoor ik dan wel weer de Latijnse tekst handhaafde.'

Er zit wel zestig jaar tussen de twee monumentale missen. Waar Fauré's *Requiem* in diens eigen kerk, La Madeleine, in 1888 in première ging, moest op het magnum opus van Duruflé nog tot na de Tweede Wereldoorlog worden gewacht. Maar populair werden ze beide. Duruflé's *Requiem* werd vanaf de eerste uitvoering veel uitgevoerd. Het maakte van hem een beroemd componist, hoewel de recensenten zijn werk niet konden waarderen. Zij waren net bekeerd tot de nieuwe muziek van Stravinsky. In 1975 raakte Duruflé ernstig gewond bij een auto-ongeluk. Tot zijn dood, ruim tien jaar later, leed hij aan vreselijke pijnen. Hij slikte voortdurend pijnstillers en kwam zijn bed niet meer uit. Op de dag van zijn begrafenis speelde de Franse radio zijn requiem in drie verschillende uitvoeringen, een met orgel, een met orkest en een met beide.

De pastoor van St. Sulpice knikt me vriendelijk toe als hij ziet dat ik een kaartje voor het concert aanschaf.

∽

15

Een liefdevolle opdracht aan de muze

T er gelegenheid van mijn vijftigste verjaardag kreeg ik een muziekwerk cadeau. De Nederlandse componist Chiel Meijering had op verzoek van mijn broer Wim een bewerking gemaakt van de tune van een televisieprogramma dat ik in die tijd presenteerde, De Ronde van Witteman. De partituur van het stuk ligt op de vleugel. Op de kaft staat in grote krulletters geschreven: 'Voor Paul. Ik ben er trots op. De Prediker zei het al: alles is ijdelheid.'

Wat is de betekenis van een opdracht? Soms is het een verwijzing naar degene die de componist voor zijn compositie heeft betaald. Mozart droeg om die reden veel van zijn werk op aan een keur van vorsten in Europa. In die zin heeft het woord opdracht een dubbele betekenis. De financier draagt een componist op een stuk voor hem te schrijven. In ruil daarvoor staat op de omslag de naam van de weldoener. Minder prozaïsch zijn de opdrachten aan personen die de kunstenaar hebben geïnspireerd tot het schrijven van een meesterwerk zonder dat er duiten aan te pas kwamen. Zo was Ludwig van Beethoven in zijn jeugd een romantische, tegenwoordig zou je zeggen linkse jongen, die maar niet uitgesproken raakte over de verworvenheden van de Franse Revolutie. Geestdriftig schreef hij op het omslag van zijn manuscript Sinfonia Grande Intitolata Bonaparte, maar verscheurde de pagina toen hij hoorde dat de keizer zich ontwikkelde tot een niets ontziende dictator met grootheidswaan. Toch, wanneer ik het dominante thema uit het eerste deel van de symfonie hoor, doemt het beeld bij me op van de kleine generaal te paard. De steek op het hoofd, één hand in het uniformjasje.

Voor Robert Schumann (1810-1856) was er geen twijfel wie zijn muze was: Clara Wieck, de door hem aanbeden toppianiste met wie hij, ondanks het verzet van haar vader, in 1840 trouwde. De rechter moest eraan te pas komen om de echtverbintenis rechtsgeldig te verklaren. De eerste jaren met Clara was Schumann, ondanks een erfelijke aanleg voor depressiviteit, zeer gelukkig. Hij ontleende aan de liefde inspiratie voor de mooiste liederen, de meest geraffineerde pianostukken en de beste kamermuziek. Eigenlijk is zijn gehele oeuvre één grote opdracht aan Clara die triomfen vierde op alle concertpodia in Europa. Schumann werd in die tijd beschouwd als een man die leefde in de schaduw van haar succes.

Robert Schumann werd in het jaar 1842 tijdelijk bevrijd van zijn slopende stemmingswisselingen. Zelfs de meest depressieve patiënt heeft af en toe een goede periode. Schumann wierp zich met overgave op de kamermuzick. Sinds Beethoven was het schrijven van strijkkwartetten voor elke toondichter een vanzelfsprekendheid, het hoorde erbij zoals het componeren van een symfonie of liederen. Schumann droeg zijn kwartetten op aan Felix Mendelssohn die hij als een vriend beschouwde en misschien ook wel als de musicus die het schrijven voor kleine bezetting tot de hoogste kunst had verheven.

In september van dat, in creatief opzicht, zo vruchtbare jaar, vlak voordat nachtmerries hem uit de slaap zouden houden, componeerde hij in een roes die nauwelijks drie weken duurde een wonder van een pianokwintet voor Clara. Het is het eerste belangrijke werk dat voor die instrumentale samenstelling (twee violen, altviool, cello en piano) werd geschreven. De compositie werd een voorbeeld voor andere componisten en niet de minsten: Brahms schreef zijn meesterlijke pianokwintet in f, de beste stukken van Franck en Dvořák zijn hun pianokwintetten en wat te denken van de kwintetten van Bartók, Elgar, Reger, Ginastera en Reinecke? Zij allen maken een diepe buiging voor Schumann die voor hun werk het terrein had verkend.

Ongetwijfeld heeft Schumann willen wedijveren met Schuberts *Forellenkwintet*, ook geen kinderachtige compositie, maar Schumanns jargon is breder en overschrijdt de grenzen van kamermuziek. Fel en lyrisch tegelijk. Per maat wint het kwintet aan kracht om de luisteraar na een half uur in ademnood achter te laten. Zoveel muzikale hoogtepunten zijn in zo'n korte tijd bijna niet te verdragen. Niemand die het tweede deel heeft gehoord zal de melodie ervan ooit vergeten. De strijkers verklaren om beurten hun liefde aan de piano. Schumann hoort hoe de pianiste antwoordt met haar stem. Het is zijn muze, het is Clara die achter de vleugel zit. De patiënt Schumann voelt dat de demon in aantocht is, hij hoopt hem op afstand te kunnen houden en zijn vrouw zo lang mogelijk te dienen met zijn muziek.

Hij voelt het als een opdracht.

Hoe ik Einstein een hand gaf

A ardig tijdverdrijf: nagaan hoeveel handdrukken je verwijderd bent van een beroemd persoon. Bijvoorbeeld: de vader van uw buurman was honderd jaar geleden bevriend met de dirigent Willem Mengelberg. Omdat u uw buurman weleens de hand heeft toegestoken zit u maar drie handdrukken van de dirigent af of u dat nu leuk vindt of niet. Karel van het Reve heeft eens beschreven hoe hij via twee introducties bijna iedereen in de wereld zou kunnen ontmoeten. Dankzij mijn werk als tv-journalist heb ik in dit gezelschapspel een royale voorsprong op de concurrentie. Zonder dat ik er iets voor hoefde te doen, gaven Nelson Mandela, het echtpaar Clinton en Michail Gorbatsjov mij een hand, nadat ik door een uitgever of een ambassadeur aan hen werd voorgesteld. Voor het nageslacht heb ik foto's bewaard die mijn aanwezigheid bij deze ontmoetingen bevestigen, zodat de kinderen en kleinkinderen er later, net als ik, straffeloos over kunnen opscheppen. Het is natuurlijk geen prestatie, maar zo gaat dat in het leven, voor de dingen waaraan je in retrospectief veel waarde hecht heb je eigenlijk weinig tot niets hoeven doen, het kwam op je weg. Mandela, Clinton en Gorbatsjov zijn royaal met hun handdrukken, ook de receptioniste en de geluidsman voelen de beroemde hand nog in hun handpalm nagloeien.

Maar hoeveel mensen kunnen beweren dat ze maar

één handdruk verwijderd zijn van de natuurkundige en Nobelprijswinnaar Albert Einstein? Ik. Daarmee is bewezen dat genialiteit niet besmettelijk is.

In de jaren twintig van de vorige eeuw kwam Einstein regelmatig in Leiden waar hij incidenteel colleges gaf aan de universiteit en meestal logeerde bij vakgenoot Paul Ehrenfest aan de Witte Rozenstraat. Einstein was dol op muziek, een goede violist en voerde liever gesprekken over Bach en Mozart dan over zijn relativiteitstheorie. Ehrenfest deed zijn best om het Einstein naar de zin te maken en nodigde mijn oom, de pianist Willem Andriessen, uit om met de natuurkundige te musiceren. Tot zijn grote schrik bracht een dochter van Ehrenfest tijdens het diner de relativiteitstheorie ter sprake. De gastheer greep in. 'Weet u,' zei hij over Einstein, 'deze man heeft een theorie uitgevonden. Maar hij laat het aan zijn nakomelingen over om die uit te leggen.' Een golf van opluchting ging door het gezelschap en Einstein lachte hartelijk mee.

Willem Andriessen schreef later over deze buitengewone bijeenkomst in de krant, de *Haerlemse Courant* waarin hij columns over muziek publiceerde. Einstein maakte grote indruk op hem, om te beginnen door zijn verschijning: 'Einstein was toen al enigszins grijzend: een hoog voorhoofd, een donkere snor, een krans van haar om het merkwaardige gezicht. Hij was Duitser, maar ook Jood, geen triomfator maar een man in wiens sprekende ogen de glans van een bewust of onbewust heimwee lag. Toch heeft hij bewezen een zeer strijdbaar mens te zijn geweest. Maar zijn strijdbaarheid had niet macht of geweld tot doel, doch vrede en menselijkheid. Toen wij op die rustige zondagmiddag de uitzonderlijke geleerde ontmoetten was echter van strijdvaardigheid geen sprake.'

Integendeel, na de maaltijd wilde Einstein graag musiceren, als het even kon speelde hij sonates van Mozart waarvan hij de bladmuziek altijd bij zich had. Oom Wim zette zich achter de vleugel en hoorde de natuurkundige zuiver maar niet erg virtuoos spelen, een beetje gelijkmatig ook. 'Dat de formidabele denker, die hij was, de man die klaarheid bracht in wetenschappelijke duisternissen zoals misschien niemand vóór hem, zich tot de pure sereniteit en de evenwichtige harmonie van Mozarts kunst voelde aangetrokken zal wellicht meer psychologisch dan alleen muzikaal te verklaren zijn. Hier vond hij ongetwijfeld de ontraadseling van veel geheimen in louter schoonheid, zonder de beredenering door het woord doch door innerlijke ontroering. En Einstein was een zo fijnvoelend man, dat hij de opgang naar het licht, dat hij in Mozarts werk hoorde, stellig als analogie ervoer met de opgang naar het licht waarmee hij zelf de wetenschap verrijkt,' schreef Andriessen in de krant.

Einstein en mijn oom speelden die avond de meest indringende vioolsonate van Mozart in E mineur kv 304, geschreven in 1778, toen hij met zijn moeder in een koets op weg was naar Parijs. Het was alsof Wolfgang het drama voelde aankomen, zijn geliefde 'mutti' overleed enkele dagen later in de Franse hoofdstad. Bijna nergens in het werk van Mozart tref je zulke directe gevoelsuitbarstingen aan als in de prachtige finale.

Na afloop van het samenspel gaf Einstein de pianist Andriessen een hand. 'Dank u,' zei hij. Toen mijn oom er later over vertelde legde hij mijn hand in de zijne. Toch haalde ik op school een onvoldoende voor natuurkunde.

17

En toen vielen de fluiten in

I n onbeschaamde vraaggesprekken krijg ik weleens de vraag voorgelegd wanneer ik voor het laatst heb gehuild. Dat gaat natuurlijk niemand iets aan. Maar om de collega's van de glossy maand- en weekbladen niet teleur te stellen vertel ik dan over de dag dat de bliksem insloeg. Het is alweer jaren geleden en het gebeurde op de weg van Amsterdam naar Hilversum, die dwars door de Vinkeveense plassen loopt. De enige goede reden om op Hilversum af te koersen is de schoonheid van dat landschap. Die ochtend was de zwaan weer op haar vertrouwde nest te zien dat net boven het water uit stak, op honderd meter van de weg. Schuw is het beest niet. Wekenlang genieten automobilisten in het voorjaar van dat idyllische tafereel dat Nederland van zijn beste kant laat zien, het landschap van de schoolplatenschilder Koekkoek, een broedende zwaan te midden van waterlelies, rietkragen en Hollandse luchten. Daar in de buurt van dat nest sloeg, toen ik op weg was naar zoiets triviaals als een televisieopname, de bliksem in terwijl de zon door de wolken scheen. Het was de schuld van de autoradio. Die liet muziek van Bach horen, tenminste dat dacht ik, en in de herkenning van zijn muziek vergis ik me zelden. Traag, maar met een intense spanning zong een koor een melodie op de bekende woorden *qui tollis peccata mundi*, een herkenbare tekst voor een voormalige koorknaap. Het moest dus een mis zijn. Dan ben je er nog niet. Bach heeft er veel geschreven, kleine en grote, allemaal van een kwaliteit die het gemiddelde van religieuze gebruiksmuziek royaal te boven gaan. Dat bedacht ik met dat koor op de achtergrond en de zwaan inmiddels achter mij. En toen vielen de fluiten in. Twee dwarsfluiten die in een duet om de melodie van het koor heen cirkelden, zo geraffineerd, zo intens troostend, zo onthecht van al het triviale, zo helemaal de muziek van een zwaan die het huis van haar ongeboren kinderen verwarmt, dat ik niet anders kon dan de auto parkeren langs het water en vechten tegen een aanval van losgeslagen sentiment die alleen muziek van Bach kan veroorzaken, een gevoel dat het best kan worden omschreven als net niet huilen van geluk, ook niet van verdriet trouwens, maar als een oproep tot een leven dat de lijn van de kinderlijke onschuld doortrekt naar een volwassen zuiverheid. Zo zat ik daar in die auto verlamd van genot te luisteren naar dat gedeelte uit het Gloria dat ik inmiddels had herkend als onderdeel van de *Hohe Messe* die ik ooit, maar in een geheel andere uitvoering, voor het eerst had gehoord in de studio van de op jonge leeftijd overleden musicus Rogier van Otterloo. Door die dominante fluiten was ik op het verkeerde been gezet. De presentator vertelde na afloop dat hij een beroemde opname had laten horen van het Münchener Bachorkest en -koor onder leiding van Karl Richter. Het was een weliswaar romantische maar toch ingehouden uitvoering. Nog dezelfde dag heb ik de cd aangeschaft op zoek naar de namen van de fluitisten. Helaas, orkestleden leiden op de cd een anoniem bestaan. Het betrof overigens een uitvoering met solisten als Dieskau, Stader en Haefliger, een prachtuitvoering die later in kwaliteit niet meer zou worden overtroffen, zelfs niet door erkende grootmeesters als Koopman of Suzuki.

Toen ik de auto weer in beweging zette besloot ik aan iedereen te vertellen dat ik voortaan niet de *Matthäuspassion*, maar de *Hohe Messe* tot het beste stuk uit de muziekgeschiedenis zou verklaren. Maarten 't Hart bracht me aan het twijfelen. In zijn boek over Bach noemt hij de mis geen compositie, maar een compilatie. Veel, zo niet alle solodelen van het stuk zijn immers kopieën of lichte bewerkingen van aria's uit eerder geschreven, soms zoekgeraakte, cantates. Bach-biograaf Klaus Eidam ziet het anders. Omdat alles in dit werk zo naadloos op elkaar aansluit denkt hij dat Bach gedurende vele jaren in zijn hoofd een enorm muzikaal bouwwerk heeft laten ontstaan waarvan hij sommige delen vast gebruikte voor een cantate, als een soort preview. Uiteindelijk moesten al die losse deeltjes samenkomen in de grote muzikale kathedraal waaraan hij zijn hele leven had gewerkt. Vandaar dat al die kleine stukjes naadloos op elkaar aansluiten. Bach schreef de mis ook niet om haar uit te voeren, voor zover wij weten heeft hij dat ook niet meegemaakt, maar als een laatste bevestiging van zijn band met God. Door erin op te nemen wat hij vroeger geschreven had schreef hij zijn leven erin en plaatste hij de losse delen eindelijk in een hoger verband dat net zo onaards was als noodzakelijk. Er staat geen opdracht op het voorblad van de originele partituur, je schrijft niet 'Voor God' op een blanco vel, dat komt in de buurt van blasfemie, alsof God op een stukje muziek zit te wachten. Hij heeft wel wat anders aan zijn hoofd.

∞

18

De componist en de moordenaar

I s een musicus een beter mens dan een handelaar in
vastgoed? Je verwacht van een musicus een zekere
empathie, een gevoelige antenne voor de schoonheid
van het leven en de kunst in het bijzonder. Ik ken nogal wat
musici. Dat zijn in het algemeen vredelievende mensen die
na het opschrijven van een verkeerde noot al bereid zijn tot
publieke boetedoening. Niet een beroepsgroep waarin je
veel oplichting, afpersing en liquidaties tegenkomt.

De Napolitaanse componist prins Don Carlo Gesualdo
da Venosa, kortweg Gesualdo genoemd, vermoordde niet
alleen zijn 21-jarige vrouw Maria, maar ook haar minnaar
en buitenechtelijk kind. Hij nam voor die actie geen halve
maatregelen. Eerst wachtte hij het moment af dat de geliefden tijdens hun verboden spel konden worden betrapt.
Het gekreun van de vrouw was het teken voor Gesualdo's
bedienden om de slaapkamer binnen te stormen en het
overspelige duo met enkele pistoolschoten af te maken.
Wat je noemt op heterdaad betrapt. Maar daarmee was de
liquidatie op die gedenkwaardige 16e oktober 1590 nog
niet ten einde. Om het bloedblad compleet te maken stapte
Gesualdo zelf de kamer binnen. Met drieënvijftig messte-
ken sneed hij de buik van zijn echtgenote open. Het kind,
vermoedelijk een product van de overspelige relatie, liet hij
in de wieg aan het plafond van zijn paleis ophangen waar

het zo heen en weer werd geslingerd dat het overleed.

De moordenaar had geen advocaat Moszkowicz nodig. Gesualdo (1560-1613) had vrienden in de hoogste kringen en voor eerwraak bestond in adellijke kring veel begrip. Hij huwde zelfs opnieuw, dit keer met Leonora d'Este, een nicht van een kunstminnende hertog. Het gaf hem toegang tot het lucratieve muziekleven aan het hof van Ferrara. Maar het drama rond Maria liet hem nooit meer los. Aan het einde van zijn leven kon de prins de herinnering aan het bloedbad niet meer verdragen. Naar eigen zeggen werd hij bezocht door de duivel die hem voortdurend kwelde. Hij huurde een aantal jonge mannen in die hem driemaal daags met zwepen moesten behandelen. Deze marteling onderging hij met een tevreden glimlach in het vooruitzicht van een mild oordeel door hemelse functionarissen bij de metaal-detector voor de hemelpoort. Musicologen zagen later een verband tussen deze masochistische acties en de schoon-heid van de muziek die hij schreef voor de kerkdienst van Goede Vrijdag. Misschien wel de droevigste stemmende muziek die ooit voor de goede week is geschreven.

Gesualdo was een begenadigd luitspeler en componist die graag experimenteerde met allerhande gewaagde harmoni-sche vernieuwingen. Vooral zijn *Madrigalen*, meerstemmi-ge gezangen over eer en hartstocht, verdienen een blijvende plaats in de muziekgeschiedenis. De teksten die hij koos zijn doordrenkt van liefdesverdriet en zelfkwelling, een muzi-kale klaagmuur van onbeperkte hoogte. Is het wijsheid ach-teraf of danken we de expressieve muziek aan het geweld-dadige en gepassioneerde karakter van de gekwetste prins? Zou hij zonder die overspelige Maria binnen de muzikale regels van zijn tijd zijn gebleven? Overigens, wat waren de regels van die tijd? Rond 1600 vond een enorme stilistische revolutie plaats van de 'oude stijl' – de rijke vloeiende meerstemmigheid van Josquin en Palestrina – naar de expressieve vooral tweestemmig gedachte operastijl, waarvan op de eerste plaats Monteverdi de grote voorman was. Hierin werd hevig geëxperimenteerd met de chromatiek, een nieuwtje van de vroegbarok, dus geen zeven maar twaalf tonen, dus niet alleen de witte toetsen maar ook de zwarte. Een ontwikkeling die de hele zeventiende eeuw veel bloed, zweet en tranen heeft gekost, want het ingewikkelde stemmingenprobleem dat hierbij ontstond, werd eigenlijk pas bij Bach (*Das Wohltemperierte Klavier*) enigszins opgelost. Juist op toetsinstrumenten bleek het niet mogelijk een *As* hetzelfde te laten klinken als een *Gis* zonder veel water in de wijn te doen qua zuiverheid, maar in vocale werken kon daarmee worden gemarchandeerd. Daarvan profiteerde Gesualdo in zijn madrigalen waarin de chromatiek mogelijkheden biedt, zoals later bij Wagner, om een rijk palet van menselijke emoties samen te stellen. Wie voor het eerst zo'n stuk hoort, staat voor een raadsel. Is het Bruckner of Hendrik Andriessen? We denken niet aan 1600, de harmonieën zijn te modern, te gedurfd voor die tijd. Je gelooft je oren niet. Daarom is het niet zo gek dat Stravinsky, die zich op zijn oude dag in de twaalftoonsmuziek ging verdiepen en de verstokte Nederlandse serialist Jan van Vlijmen ieder een monument voor Gesualdo componeerden. Een eerbetoon aan de meester die met grote passie het monopolie van de witte toetsen vermoordde.

Een monument. Daar kan de gemiddelde vastgoedhandelaar niet op rekenen.

19

Het roemloze einde van een groot musicus

'**I**k heb een fantastisch leven gehad. Zo was het genoeg.' Citaat van de overledene toen hij nog in leven was, opgenomen in de rouwadvertentie. De berusting die uit de woorden spreekt staat in schril contrast tot het verslag van zijn doodstrijd in *de Volkskrant.* 'De verpleegster ging weg. Het water liep uit het bad. Warm, nee heet water van zeventig, tachtig graden Celsius kwam ervoor in de plaats. De man in het bad schreeuwde het uit, maar de hulp kwam te laat.' Drie dagen na het drama overlijdt Géza Frid aan zijn verwondingen.

De onfortuinlijke dood van de oude man, september 1989, haalt alle kranten. Actualiteitenrubrieken stellen de schuldvraag. Wantoestanden in verpleeghuizen! De journalisten die zich op de kwestie storten, publiceren de naam van het slachtoffer zonder zijn geschiedenis te vermelden. Slechts een enkeling op de kunstredactie weet wie er achter die vreemde naam schuilgaat.

De componist Géza Frid (1904-1989) werd geboren in Hongarije en vestigde zich als jongeman na enige omzwervingen in Nederland. Na de Tweede Wereldoorlog kreeg hij weliswaar de Nederlandse identiteit, maar in de kern is Frid altijd een Hongaarse musicus gebleven. Het is te horen aan de kwetsbare sfeer in de toonzetting van zijn werk dat zijn wortels vindt in de melancholie van het Oost-

Europese volkslied. Schelle meisjesstemmen opgezweept door Slavische ritmiek.

Géza Frid was een intelligente man, muziekrecensent voor *Het Vrije Volk*, docent aan het conservatorium van Utrecht, virtuoos pianist en bovenal een begaafd componist wiens werk veel werd uitgevoerd. Alles hield hij keurig bij in een dagboek, waarin hij ook beschreef wat er buiten zijn studeerkamer gebeurde. Zo noteerde hij in 1934: 'Grote spanningen. Italië nog tegen Hitler. Karakter: soms griezelige atmosfeer, wijzend op de toekomst.' Frid was een gepassioneerd antifascist. Tijdens de oorlog toonde hij zich dapperder dan de meeste van zijn collega's. Hij was actief in het verzet, vervalste bonnen en persoonsbewijzen.

En hij schreef muziek.

Veel Nederlandse smaakmakers uit de vorige eeuw zijn gaandeweg in de vergetelheid geraakt. Wie luistert er nog naar werk van Orthel, Strategier of Badings? Hun composities klinken gedateerd alsof je een kamer binnen wandelt die is ingericht met uitsluitend Jugendstil-meubelen. Het betere werk van Frid weet zich aan die atmosfeer te onttrekken. Zo is het *Concerto voor piano en koor* uit 1934 nog steeds een actueel stuk waarin de piano en de zangstemmen een gelijkwaardige rol vervullen. Het draait om een sprankelend thema dat wordt gezongen zonder tekst en eindigt met een stralende fuga. Het concerto was door zijn aparte klank en bezetting vanaf de première een enorm succes. Het *Algemeen Dagblad* sprak van 'een sensatie'. De roem van Frid als componist was ermee gevestigd en zou standhouden tot Webern en Berg de muziekwereld op zijn kop zetten. Het kostte Frid veel moeite om aan de nieuwe machtsverhoudingen in de muziekwereld te wennen, maar op het laatst schikte hij zich morrend in zijn lot.

De anekdote wil dat Frid als klein kind op schoot zat bij de

Russische schrijver Tolstoj die hem een grote toekomst voorspelde. Dat werd het niet echt. De Nederlandse componisten van na de Tweede Wereldoorlog, voor een groot gedeelte leerling van Willem Pijper (aan wie wij vooral danken dat Nederland zich losmaakte van een uitzichtloze Duitse traditie), kregen met een geheel andere barrière te maken. De school van Schönberg leidde in de jaren vijftig tot een ware dictatuur van het serialisme, een verregaande uitwas van diens twaalftoonssysteem. Wie daar niet in meeging werd het slachtoffer van een vrij genadeloze diskwalificatie door zogenaamd progressieve, snobistische muziekjournalisten die in zijn ergste vorm te vergelijken was met Stalins onderdrukking van het 'formalisme' in Rusland, waar juist de progressieve krachten moesten wijken voor het ideaal van het volk. Al het andere heette op zijn Hitlers 'entartete' kunst. Precies tegenovergesteld ging het hier dus na de oorlog. Alles wat nog een beetje aan te horen was moest de vuilnisbak in en gelet op het gekissebis van de verschillende componistenverenigingen in Nederland woedt die strijd nog steeds door. Een van de slachtoffers was Géza Frid en met hem mensen als Badings, Henkemans, Van Delden en Orthel. Een enkeling als Ton de Leeuw vond later nog de kracht om zijn creativiteit te doen opleven. Die kracht had Frid niet.

En zo eindigde zijn weg ondanks Tolstoj in zijn dood in een vrij treurige koude douche of in zijn geval een te heet bad.

∞

20

Ouderwetse toekomstmuziek

J e moet een gevierd musicus niet vragen of zijn werk wel eigentijds is. Vernieuwen? Waarom? Zijn werk is toch populair? Hij vindt het zelf mooi en de rest is gezeur van jaloerse collega's en zure critici. Trouwens, die nieuwlichterij, stelt dat dan wat voor? In de klassieke muziek zijn over het begrip 'vernieuwend' eindeloze discussies gevoerd. In de beeldende kunst kwam begin twintigste eeuw de doorbraak dankzij experimenten met 'abstracte' vormen die uiteindelijk onder de bedrieglijke verzamelnaam moderne kunst een eigen museum kregen in iedere zichzelf respecterende hoofdstad. Men herkent het werk doordat het onherkenbaar is, er is geen figuratieve vorm waarneembaar waardoor niet langer de verbeelding van de kunstenaar, maar juist die van de toeschouwer de schoonheidservaring bepaalt. In de muziek hebben dat soort experimenten geen vergelijkbaar succes opgeleverd. Het muziekminnend publiek vraagt van de muziek een minimale aaibaarheidsfactor en die staat op gespannen voet met klanken die te veel vloeken.

Zelfs de beminnelijkste kunstenaar wordt geprikkeld wanneer zijn werk wordt afgedaan als 'veel van hetzelfde'. De orkestcomposities van mijn oom Hendrik Andriessen (1892-1981) werden tijdens zijn leven veel uitgevoerd, hij was geliefd, ook in de familie, zijn kerkmuziek stond in

Nederland op eenzame hoogte, maar een vernieuwer was hij niet. Wie daar met hem over begon kreeg de wind van voren. Het idee dat een kunstenaar 'progressief' moest zijn vond hij belachelijk. Muziek gericht op de toekomst? 'Ik weet niet wat dat is, toekomstmuziek,' zei hij.

Op zijn tachtigste verjaardag betoogde hij in een vraaggesprek dat de waarde van een componist niet door de heersende mode, maar alleen door het talent van de componist kan worden bepaald. De kunstenaar moet juist kritisch staan tegenover de tijd en haar bewakers. Het bevreemdde hem dat mensen die voor zichzelf volledige vrijheid opeisten zo fanatiek gehoorzaamden aan de grillen van de tijdgeest. Dat lijkt vooruitstrevend, maar het is bekrompen, vond hij. Daar zit zeker veel in, maar de grillen van de tijdgeest waren in wezen niet progressief. En juist veel meesterwerken: Beethovens *Eroica*, Berlioz' *Symphonie Fantastique*, Wagners *Tristan*, Debussy's *Prélude à l'apres-midi d'un faune*, Stravinsky's *Sacre du printemps* onttrokken zich juist aan die tijdgeest en werden wel onmiddellijk populair. 'De tijdgeest' lijkt alleen aan de buitenkant progressief, maar is in wezen oerconservatief. Originaliteit is progressief, de wens om hoe dan ook jezelf te willen zijn. Rachmaninov was dat, Sjostakovitsj was dat, en ze speelden daarmee Schönberg en Stockhausen weg. Het probleem bij Andriessen zit hem inderdaad juist in het talent, daar mankeerde het aan, wat niet wegneemt dat we aan hem een paar fraaie composities te danken hebben. Toch worden Andriessens beste stukken zoals het *Ricercare* en de *Vierde Symfonie* sinds zijn dood helaas niet vaak meer gespeeld, dirigenten vinden zijn muziek 'ouderwets'.

Ook Alexander Glazoenov (1865-1936) werd in de herfst van zijn leven conservatisme verweten. Het wonderkind uit St. Petersburg schreef zijn eerste symfonie toen hij zestien jaar oud was, een stuk waar de vitaliteit van afspat. Na dat debuut komt er veel (moois) van hetzelfde. Het publiek draagt hem op handen. Ook in Europa wordt hij geprezen, zelfs door de anders zo zure critici, vaak collega-componisten. De Slavische passie klinkt hun in de toonzetting van Glazoenov op een of andere manier vertrouwd in de oren. Hij wordt uitgenodigd in Londen, Parijs, Amsterdam en Berlijn om zijn eigen werk te dirigeren. Aan repertoire geen gebrek, hij is op zijn vijftigste al acht symfonieën verder.

Op het toppunt van zijn populariteit schrijft hij een juweel van een *Vioolconcert* dat de argeloze luisteraar vanaf de eerste maat bij de kraag grijpt. Dat komt niet alleen door die dwingende melodie, een ode aan zijn moeder die hem zijn eerste muzieklessen gaf, maar ook door het orkestrale decor in de kleuren van een voorbije jeugd. In dat eerste deel steekt Glazoenov de grote Tsjaikovsky naar de kroon. Zonder een seconde pauze volgt het snelle middendeel met ingewikkelde dubbelgrepen waarvoor de solist al zijn technisch kunnen uit de kast moet halen. De beroemde viool-virtuoos Leopold Auer, aan wie het concert is opgedragen, ontlokte voor zijn tovenaarskunsten tijdens de première staande ovaties.

Wat vonden Sjostakovitsj en Prokofjev van het werk? 'Ouderwets.' Glazoenov was al dood toen dit harde oordeel werd uitgesproken. Zijn vioolconcert nam wraak op de kritiek, maakte zich los van de tijdgeest en verwierf een vaste plaats op het repertoire van alle topviolisten. Wie vroeg er om vernieuwing?

☞

21

Een lesje uit het hiernamaals

Mijn vrienden noemen het neurotisch dat ik de radio aan laat staan als ik het huis verlaat. De angst om terug te keren in de stilte. Er moet altijd muziek om me heen zijn. Dat is het enige wat ik gemeen heb met de hoofdpersoon uit de film *Hereafter*.

Een zwarte limousine glijdt over een verlaten weg. Zover het oog reikt, zijn er in het landschap behalve de brede weg uitsluitend bossen. De eerste gedachte die bij me opkomt: een maffialeider is op weg naar een gewelddadige afrekening. Dan klinkt er muziek. Bach. We zijn in Canada. Achter in de auto zit de *godfather* van de piano, de kleine en een beetje kromme man die met zijn manier van spelen zijn opvolgers in gijzeling zal houden. Iedere nieuwe generatie pianisten beluistert zijn platen, bewondert hem of wijst zijn stijl af.

Wie was deze man? Hij was vooral eenzaam en perfect als een computer. Geen privéleven, geen contact met het publiek, zijn onmogelijke samenwerking met dirigenten is anekdotisch. Waarom moest hij steeds neuriën als hij speelde, wat op alle opnamen te horen is? Vermoedelijk was dat het gevolg van een vreselijke strijd tussen emotie en technische perfectie. Gould kon alles, zijn gehoor was perfect. Wat men een prachtig touché noemt is niets anders dan een perfect luisteren naar iedere noot en die weer in relatie brengen met de vorige en de volgende. Die noot zoveel decibellen, de volgende ietsje minder. Een computer kun je wel moeiteloos programmeren op perfecte gelijkheid van de dynamiek, niet op dergelijke crescendo- en decrescendo- processen. Gould komt daarmee dichter bij het orgel en het klavecimbel dan bij de piano. Misschien had hij zich in zijn repertoirekeuze tot Bach moeten beperken. Bach door een computer klinkt lekker en zelfs swingend, Brahms wordt absurd. Een pianist die zo perfect kan spelen als Gould zit zijn gevoel in de weg. Iedere noot van iedere tussenstem hoort hij. Was hij maar zo groot als Brahms, die in zijn *Klavierstücke* een complete compositietechniek hanteert waar niemand iets van merkt. We horen de muziek zingen, de melodie komt in een exacte omkering, niemand realiseert zich dat. Een argeloze amateur speelt zulke stukken soms mooier dan Gould. Hij neuriet omdat hij bang is dat het denken zijn overgave in de weg staat. Dat is de strijd van ieder eenzaam mens.

De pianist is in de auto op weg naar de studio. Het is begin jaren zeventig van de vorige eeuw, Glenn Gould (1932-1982) wordt gevolgd door de Franse violist en documentairemaker Bruno Monsaingeon. Optreden doet de pianist dan al niet meer. Hij noemt het tijdverspilling, alsof hij een vroege dood verwacht. Hij vindt een concert een ouderwetse manier van communiceren met het publiek. De opgelegde ijdelheid, het is allemaal te veel een wedstrijd, het leidt af van het doel waarnaar hij streeft: de perfecte uitvoering. Daarvoor moet je in een studio zijn.

Hij mag van cbs opnemen wat hij wil. Het is maar één keer gebeurd dat er bij de directie aarzelingen waren. Dat was bij zijn debuut toen de directeur vroeg wat hij wilde spelen.

'De *Goldberg-variaties* van Bach,' zei Gould.

'Zijn voor 'n jongeman als jij de *Inventionen* niet geschikter om mee te beginnen?' suggereerde de directeur.

'Nee,' zei Gould.

'Vooruit dan maar.'

Van die Bach-opname zijn miljoenen exemplaren verkocht.

Monsaingeon is in 2006 bezweken voor de smeekbede van zijn productiemaatschappij om nog één keer een film over zijn vriend samen te stellen. Tientallen kilometers film heeft hij in zijn archief. Gould thuis, Gould wandelend in de bossen, maar vooral Gould in een kale studio achter zijn Steinway. Hangend in de lage stoel die speciaal voor hem is gemaakt, een stoel zonder zitting. Gould speelt niet óp de vleugel, maar ín het instrument. Hij praat met zijn gereedschap zoals met zijn interviewer, soms een beetje snel, dan weer onbegrijpelijk langzaam. 'Ik heb nooit meer iemand ontmoet met zo'n allesoverheersende passie voor muziek,' zegt Monsaingeon. De kracht van het laatste eerbetoon aan Gould schuilt in de ongewone betrokkenheid van de documentairemaker met zijn onderwerp. Daarmee is het van al zijn films over Gould de toegankelijkste geworden, Gould voor beginners. Pratend en spelend proberen filmer en musicus het raadsel van de schoonheid te ontrafelen. Monsaingeon komt tot de conclusie dat de pianist tijdens het spelen een metamorfose onderging. Gould wórdt Bach als hij de partita's speelt, hij wórdt Berg als hij diens variaties opneemt.

Vanuit het hiernamaals laat de *godfather* nog één keer horen hoe het moet.

22

Een ode aan de tederheid

P ost uit Warmond: 'De grote verrassing in het Franse liedrepertoire was voor mij Gounod. Wat een schitterende meezingers.' Het was een streng briefje dat ik ontving van de schrijver en muziekkenner Maarten 't Hart. Ik had in een artikel over de liedkunst beweerd dat de Franse liederen in vergelijking met het verpletterende aanbod van Schubert, Brahms, Schumann en Wolf niet veel voorstelden. Dat kwam me op een reprimande te staan. Was ik wel bekend met de *mélodies* van bijvoorbeeld Massenet, Bizet, Saint-Saëns en Gounod?

Gounod? Hij schreef de opera *Faust* waarvan de juwelenaria geschiedenis heeft gemaakt door de uitvoering van Bianca Castafiore in de boeken van Kuifje. Bianca is in het prachtwerk van Hergé een opcrazangeres die beroemd wordt omdat ze overal de aria zingt 'Ha, ik lach bij 't zien van m'n schoonheid in dees spiegel.' Spiegels en wijnglazen vallen in stukken als de zangeres met veel vocaal geweld de hogere noten probeert te halen. En kapitein Haddock kijkt verschrikt toe in de hoop dat de muzikale ellende snel is afgelopen en neemt intussen nog een whisky.

Ik heb lang gedacht dat de maker van Kuifje niet alleen de zangeres, maar ook het lied had verzonnen tot ik er op werd gewezen dat het een vertaling is van een aria uit 'de' *Faust* van Gounod. De aria is dankzij Bianca bekender dan de opera en het is de vraag of dat erg is.

Gounod? Dat is toch ook de man van de Hema-bewerking van het eerste preludium van *Das Wohltemperierte Klavier*? Dat beruchte *Ave Maria*, een sentimentele melodie met een versleten tekst op het oerschema van Bach, misbruikt door iedereen die op bruiloften en begrafenissen gesnotter wil veroorzaken.

Charles Gounod (1818-1893) heeft niet om de slagroom op die melodie gevraagd. Hij was een sobere maar emotionele man, licht ontvlambaar in de liefde. Op de knieën voor vrouwen, maar ook lange perioden voor God. De vrouw en de Heer waren altijd in zijn nabijheid. Daar kwam Bach bij.

Tijdens een orgelconcert in Wenen speelde de jonge Mendelssohn speciaal voor Gounod een paar orgelwerken van Bach wiens muziek een tijd in de vergetelheid was geraakt. Gounod kon zijn oren niet geloven. Met open mond luisterde hij naar de schitterende fuga's waarbij alle noten in gelijke mate bouwstenen leken voor kathedralen van klank. Ze ontsluierden het geheim van de ware meerstemmigheid. Gounod voegde er in zijn werk de Franse lyriek aan toe. Zijn oeuvre ontwikkelde zich daarmee tot één groot Ave Maria. Duitse polyfonie bewerkt door de Franse geest die Gounod typeerde als 'vroegrijp, intelligent en smaakvol'.

De Britse zangeres Georgina Weldon dacht daar, na het mislukken van haar drie jaar durende overspelige relatie met Gounod in Londen, heel anders over. 'Alles aan hem was rond, zijn hoofd, zijn baard, zijn ogen, zijn schouders, zijn buik en zijn muziek', luidde het wrede oordeel.

Wat deed de trotse Fransman in Engeland? Koningin Victoria was dol op zijn opera *Faust* en nodigde hem uit het spektakelstuk in Londen op te voeren. Het gaf hem de gelegenheid met zijn gezin weg te blijven van de spanningen die werden veroorzaakt door de Frans-Duitse oorlog. Daar kwamen flinke privéspanningen voor in de plaats. Zijn bedrogen vrouw keerde terug naar Frankrijk, hij kreeg ruzie met iedereen en critici noemden zijn nieuwe werk 'effectbejag'. Uiteindelijk werd hij, ziek van lijf en geest, door vrienden 'ontvoerd' en teruggebracht naar zijn geboorteland. Daar ging hij weer op de knieën, ditmaal voor de Heer. De rehabilitatie kwam pas na zijn dood. Zijn opera's en missen werden heropgevoerd, zijn liederen werden hits. Miniatuurtjes die je voorzichtig moest oppakken, zo breekbaar zijn ze, een ode aan de tederheid. Luister naar het juweeltje *Le temps des roses* en het is meteen zomer. Nergens effectbejag. Gounod stelde in een van zijn Engelse liederen een retorische vraag aan zijn critici: *Who has sight so keen and strong/that it can follow the flight of song?*

Maarten 't Hart had gelijk, misschien vergat ik dat de Franse liedtraditie (in Frankrijk noemde men het kunstlied ook wel 'le lied') een stuk later op gang kwam dan in Duitsland. Wat te denken van Fauré, Duparc, Debussy, Ravel, Poulenc en Messiaen. Maar de wortels ervan, Massenet, Bizet, Saint-Saëns en Gounod, laten zich naast een man als Wolf moeilijk profileren. Zij verwierven hun roem op andere gebieden. Hun successen vonden ze bij de opera, juist het gebied waar hun Duitse tegenpolen, afgezien van Richard Strauss, faalden. Massenet met *Manon*, Bizet met *Carmen*, Saint-Saëns met *Samson en Delilah.*

Ik heb Maarten een berichtje teruggestuurd met mijn verontschuldigingen.

23

Het engelenkoor des doods

I k werd onder narcose gebracht voor een kleine
medische ingreep. Tijdens de seconden waarin mijn
bewustzijn weggleed naar duistere diepten, hoorde
ik muziek die bestond uit onaardse klanken. Stemmen uit
een zwart gat. Hoe klinkt het heelal? Is er geluid tussen de planeten
behalve het zoemen van een enkele satelliet die er door
mensen op uit is gestuurd om foto's te maken van woestij-
nen van gruis? Er ruist nergens een blad aan een boom in die
onmetelijke ruimte, er is geen vogel die zingt. Filmmuziek
symboliseert deze bedrieglijke stilte vaak met langgerekte,
elektronisch voortgebrachte tonen, muziek met een hoog
Ronald Jan Heijn-gehalte. Omdat de noten amper van hun
plaats komen en eindeloos worden herhaald, ontstaat de
suggestie van eindeloze rust.

Mensen begrijpen de stilte niet, turend naar de sterrenhe-
mel willen we nog iets horen, het liefst engelen met de ijle
stem van onaardse vrouwen. Maar wees op je hoede voor
de Sirenen, deze mooie wezens met hun melodieus geluid,
die onder bevel staan van de zeegod Phorcys. Hun lieflijke
vrouwenhoofdjes rusten op een vogellichaam, dat zou een
waarschuwing moeten zijn. De schitterende klanken ver-
leiden ons mee te gaan naar een eiland in de zee waar we op
de rotsen lopen en een wisse dood tegemoet gaan. Odysseus

beschermde zijn bemanning tegen deze engelen des doods door de scheepslui was in de oren te stoppen. Als dat niet hielp overstemde hij de Sirenen door op zijn lier te spelen.

Claude Debussy (1862-1918), gefascineerd door de zee, nam de zang van de Sirenen op in de laatste van zijn drie prachtige nocturnes voor orkest. *Sirènes* begint als een muzikaal schilderij van de oceaan met de voorspelbare en kalmerende ritmiek van de stroming. De combinatie van twee- en driedelige bewegingen in de orkestpartij geeft ons het gevoel gewichtloos mee te deinen op de golven tot plotseling de stemmen klinken van neuriënde vrouwen. Hun etherische geluid roept het traditionele beeld op van engelen die ons de weg naar het paradijs willen wijzen. Hier spreekt de symbolist Debussy meer dan de impressionist. Eerder de mysterieuze schepper van *Pelléas et Mélisande* dan die van *La Mer*. De angst, de dreiging is voortdurend aanwezig. Het golvende water is niet het onderwerp van de schildering, maar het decor van emoties die de gesloten natuur van Debussy zoveel mogelijk wilde sublimeren.

Ook de componist en astroloog Gustav Holst (1874-1935) heeft in *The Planets* een poging gedaan de echo van de oneindigheid te vangen met de stemmen van zoemende vrouwen. We bevinden ons op Neptunus, de planeet die Holst ervoer als 'mystick'. Zijn Sirenen komen uit het niets en verdwijnen in het niets. *The Planets* heeft een zegetocht over de wereld gemaakt en heeft in talloze arrangementen veelal voor harmonieorkest het grote publiek bereikt. Alleen door dit werk zal de naam van Holst nog lang bekend blijven en samen met Elgars *Enigma Variations* is het de trots van muzikaal Engeland. Het is fascinerende muziek die grenst aan kitscherig effectbejag. Niet voor niets hebben talloze componisten van filmmuziek gretig gegraaid in de partituur van *The Planets*. De concertbezoekers die het stuk in

1918 voor het eerst hoorden, waren zeer onder de indruk. Af en toe sloten ze de ogen en maakten ze een muzikale reis door de ruimte. Maar waar waren de engelen? Kwamen die hemelse geluiden echt uit dat koor dat achter het orkest stond opgesteld met die lompe roodharige vrouwen in hun lange zwarte heksenjurk? Het donderend applaus na afloop van het concert verbrak de betovering.

Ik ontwaak uit de schone narcose. De verpleegster zegt: u kwam van ver meneer, neem een slokje water. Verward kijk ik haar aan, ze ziet er niet bepaald uit als een Sirene en doet daar ook geen enkele moeite voor. Waar ik vandaan kwam, was dat wel zo slecht? Ik verlang meteen terug naar het schone landschap van Debussy.

24

De Rooden roepen

I n de kelder van het Vara-gebouw scharrelde een functionaris hoofdschuddend in het platenarchief. Het was in het jaar dat Medy van der Laan, toen staatssecretaris voor Media en Cultuur, de omroepen als iconen van vergane glorie wilde opbaren in een bedompt omroepmuseum. De ideologie moest worden opgepoetst. Voor de Vara zou dat kunnen betekenen dat *De Internationale* weer moet *heersen op aard*. Dat was een tijd geleden. Vanaf het moment dat de Vara een dominee, Albert van den Heuvel, had aangesteld als voorzitter van het bestuur leek de logica van *De Internationale* als clublied niet sterk aanwezig. Bij een sollicitatie hoefden toekomstige medewerkers niet langer de tekst van een aantal coupletten uit het hoofd te kennen. Het was genoeg om te zeggen dat je op de PvdA stemde of desnoods op een andere progressieve partij. Daar werd, in een vlaag van mildheid, ook nog de Communistische Partij Nederland toe gerekend. De afdeling nostalgie van de socialistische omroep had talloze uitvoeringen van het prachtlied bewaard en meeverhuisd naar steeds weer nieuwe locaties. De beheerder van het archief zocht een uitvoering door Vara's huiskoor, de Stem des Volks. Een mooie tekst vond hij die van Henriette Roland Holst. De eerste regels kende hij uit het hoofd: *Ontwaakt, verworpenen der aarde./ Ontwaakt, verdoemd in hongers sfeer.* Er waren, herinnert hij zich, linkse voormannen die zelfs die twee zinnetjes niet konden onthouden en op partijcongressen tijdens de muzikale afsluiting maar wat voor zich uit mummelden, de armen doelloos langs het bonkige lichaam. Ergens in de jaren zestig vroeg een progressieve stroming binnen de PvdA, Nieuw Links, de geëngageerde cabaretier Jaap van der Merwe een eigentijdse *Internationale* te schrijven. Vanaf dat moment was de glans eraf: *Hé joh, ze houden je eronder.* Nee, dat klonk niet. Al dacht de sympathieke librettist er anders over. Hij bepleitte een programmaserie op de televisie waarin onder anderen hijzelf linkse liederen aan de vergetelheid zou ontrukken; dat programma kwam er ook, maar stierf een snelle dood omdat het revolutionair elan zelfs bij de oude achterban van de Vara enigszins getemperd was door de postkapitalistische samenleving die voorzag in behoorlijke lonen en arbeidsomstandigheden. Polder, harmoniemodel, dat soort dingen.

Het was dan ook niet de tekst die in de hoofden bleef dreunen van de liefhebbers van *De Internationale.* Het was de melodie die kracht en optimisme paarde aan eenvoud. Ik ben er altijd van uitgegaan dat tekst en melodie door een en dezelfde partijfunctionaris waren gemaakt, maar één blik op de hoes van de grammofoonplaat leerde dat ik me daarin vergiste.

 Wie was dan de componist van het lied dat de werkende massa's aller landen opriep tot de klassenstrijd? Een extreem aselecte streekproef onder mijn collega's leverde op die vraag niet één goed antwoord op. En hij was nota bene een Belg.

Pierre de Geyter (1848-1934), geboren in Gent, was als 16-jarige jongen draadjesmaker in een locomotieffabriek in het Noord-Franse Lille. Hij raakte verliefd op de muziek die hij leerde kennen op de arbeidersavondschool. Pierre wilde componeren. Hij zong zijn eigen liederen in de rokerige lokalen van de plaatselijke socialistische partij. Op 15 juli 1888 vroeg de voorzitter hem een strijdlied te componeren ter gelegenheid van het jaarfeest van de vakbond van krantenverkopers. De tekst was er al, geschreven door Eugène Pottier, ooit een van de voortrekkers van de beroemde Parijse Commune. Het gedicht heet: *De Internationale*, een van zijn *Chants Révolutionnaires*.

De Geyters melodie was vanaf de eerste uitvoering een meezinger van jewelste, eerst in Lille, daarna in heel Frankrijk en vanaf 1892, als de 2e Internationale het tot zijn strijdlied kiest, in de hele socialistische wereld. De arbeiderscomponist had er miljonair mee kunnen worden. Maar zijn kwaadaardige broer Adolphe strijkt de poet op door te beweren dat híj de muziek heeft geschreven. Advocaten bemoeien zich ermee. De rechter komt er niet uit. Pas nadat Adolphe zelfmoord heeft gepleegd en een handgeschreven schuldbekentenis achterlaat, krijgt Pierre de erkenning waar hij recht op heeft.

Tijdens de tiende verjaardag van de oktoberrevolutie, in 1927, staat op uitnodiging van Stalin een snotterende Belg op het Rode Plein in Moskou terwijl het Rode Leger langs de eretribune marcheert. De Geyter was toen bijna tachtig jaar oud. Bij zijn begrafenis in een voorstad van Parijs paradeerden tienduizenden arbeiders in een kilometerslange rij langs het graf. Een blaaskapel speelde *De Internationale*.

Bijna alle strijdmuziek stikt in haar politieke boodschap. Alleen de mooie melodie van *Morgenrood* roept nog heimwee op naar de tijd dat de radio met dat lied de dag begon.

25

De gewapende man

Wees op uw hoede voor de gewapende man
Overal is het bevel gegeven
Dat iedereen zich moet beschermen
Met een ijzeren vest
(L'HOMME ARMÉ)

Het Verenigd Koninkrijk koestert zijn helden. In schimmige dorpen in Noord-Frankrijk, België en in Nederland bezoeken nabestaanden het graf van hun gesneuvelde vader, grootvader of overgrootvader. Toen ze stierven waren ze vaak nog kinderen. De bekendste bedevaartsplaats is waarschijnlijk het plaatsje Ieper, destijds gelegen aan het zogeheten IJzerfront. In de poort van het gerestaureerde stadje is een herdenkingsteken aangebracht. Sinds 1928 wordt hier iedere avond om acht uur de *Last Post* geblazen ter nagedachtenis van de gesneuvelde Britse militairen. In alle grote Engelse steden is een oorlogsmuseum waar schoolkinderen in keurige blazers staren naar foto's van modderige loopgraven en verwoeste steden. Op de marktplaats voor het stadhuis staat een bronzen monument van de onbekende soldaat. Zijn geweer in de hand, de ransel op de rug.

Wie beweert daar dat de kunst zich afzijdig houdt van de actualiteit?

Door de eeuwen heen hebben componisten zich betrokken gevoeld bij de politieke en maatschappelijke ontwikkelingen om hen heen. Maar daarbij liggen muzikale risico's op de loer. Beethoven rukte kanonnen aan in zijn *Wellingtons Sieg*, waaronder de expressie verstomde, terwijl in de abstractie van de *Eroica* pas werkelijk de verschrikkingen hoorbaar worden. Zeggingskracht kan in een kunstwerk ontstaan door de vorm en niet door expliciete verwijzingen. Een goed voorbeeld daarvan is ook de roman *De Avonden* van Gerard Reve. De Tweede Wereldoorlog wordt in het boek niet eens genoemd, alleen de leegte en de verpletterende humor die deze moet vullen, verraden de achtergrond. De dagboeken van Anne Frank zijn indrukwekkender dan de meeste oorlogsfilms. Bartók maakte tijdens die oorlog in zijn *Concert voor Orkest* Sjostakovitsj belachelijk zoals die de legers laat marcheren in zijn oorlogsymphonie, maar Sjostakovitsj moest wel van Stalin op straffe van een schrijfverbod. En zodra de verplichte revolutieteksten op de achtergrond geraken hoor je waar het echt om draait. Voor mindere goden was het vaak een manier om, behalve om aan compositie-opdrachten te komen, bij de luisteraar een paar tranen op te roepen. Een kunst waar ze normaal nooit toe in staat zouden zijn. Penderecki's *Hiroshima* zou nooit het grote publiek hebben bereikt wanneer het *Honger in Polen* had geheten. De glissandi in de strijkers kunnen voor alles staan. En ook voor een man als John Adams was het echt niet nodig zich op 9/11 te storten. Hij heeft succes genoeg en zeker geen honger. De onderdrukten in oorlogstijd wel.

Tal van Britse componisten hebben de afgelopen decennia de opdracht gekregen de hel van de oorlog in noten te vangen. Het bekendste voorbeeld is ongetwijfeld Benjamin Brittens *War Requiem*. Deze compositie is voor een deel gebaseerd op negen aangrijpende oorlogsgedichten van een militair die in 1914 sneuvelde voor zijn vaderland.

Hoe doe je dat, een oorlog beschrijven met een melodie, het mooiste gereedschap dat de kunst ter beschikking heeft? Veel componisten hebben zich laten inspireren door een populair volkswijsje uit de Middeleeuwen, *L'homme armé*. Het geeft in al zijn eenvoud treffend het gevaar weer dat de onschuldige burger heeft te vrezen van georganiseerd geweld. Dufay gebruikte het, evenals Ockeghem en Desprez, en zelfs Louis Andriessen nam het muzikaal gegeven op in *De Materie*.

Karl Jenkins (1944) droeg zijn 'mis voor de vrede' op aan de onbekende dichter van 'de gewapende man'. Hij schreef *The Armed Man* in 1999 in opdracht van het oorlogsmuseum in Leeds en vanaf de eerste uitvoering tijdens de millenniumviering is het werk niet meer weg te denken uit de hitlijst van klassieke cd's in Engeland. Daar haalt niemand zijn neus op voor de populaire compositie van het genie achter de voormalige popgroep The Soft Machine die het geschopt heeft tot Doctor of Music aan de universiteit van Wales. De muziek raast als een vuurbal door de concertzaal, of het nu is door de impressie van stampende laarzen, de schrille tonen van de piccolo uit het militair harmonieorkest, het indrukwekkende koor dat om Gods bescherming smeekt tegen 'bloeddorstige mannen', de harde paukenslagen die de naderende dood aankondigen of de altijd weer indrukwekkende trompetsolo die *The Last Post* echoot door de zaal. De 13-delige mis is een aaneenrijging van spannende muziekmomenten.

Kitsch? Het doelgericht inspelen op gevoelens van angst en hoop, verdriet en vreugde komt soms in de buurt van effectbejag, Jenkins was niet voor niets een eersterangs popmusicus. Maar klef wordt het nergens. Integendeel, met deze mis voor de vrede stijgt Jenkins, die een fortuin heeft vergaard met het componeren van reclamemelodietjes, boven zichzelf uit. Het is een indrukwekkend eerbetoon aan miljoenen mannen die hun leven gaven voor de vrijheid.

26

De reddende engel van Händel

I k laat in het Rijksmuseum de *Nachtwacht* meestal links liggen en loop rechtstreeks naar *Het Joodse bruidje* van Rembrandt. De voorstelling raakt me in het hart, zoals in de kunst eigenlijk alleen muziek dat kan. Wat een prachtig schilderij! Soms denk ik dat er schilderijen zijn die het verdienen een eigen museum te krijgen. Dan zou een eigen onderkomen voor *Het Joodse bruidje* een goed begin zijn. Dat gouden pak van de bruidegom waarop het licht weerkaatst, het ongelooflijke rood van de bruidsjurk en om de hals van de jonge vrouw een blinkende parelmoeren ketting. Maar meer nog dan de schoonheid van de compositie en de warme kleuren treft me de scène zelf. De man die zijn slanke hand op de borst van zijn geliefde legt, een gelukkige glimlach om zijn mond en de bedeesde blik van het meisje dat nadenkt over haar bestemming. Is ze in verwachting?

Nee, ze gaat naar de brandstapel en ze is helemaal geen Joods bruidje. Dat is de onthulling van journalist Bert Natter in zijn boek *Rembrandt, mijn vader*. Natter schetst daarin een portret van de schilder, gezien door de ogen van diens zoon Titus. Tijdens bronnenonderzoek vond de schrijver een oud document waarin het schilderij wordt aangeduid als *Jephta en zijn dochter*. Arm kind!

In het bijbelboek *Rechters* wordt haar tragische lot beschreven. De dappere krijgsheer Jephta offert zijn dochter aan God uit dank voor een gewonnen oorlog. Daarmee lost hij een belofte in die hij voor de oorlog had gedaan. Het meisje protesteert niet tegen haar lot. Joost van den Vondel heeft het verhaal verwerkt in zijn treurspel *Jephta* en beschreef daarin nauwkeurig de kleding die de vrouw droeg op de dag van haar dood, precies zoals Rembrandt die heeft afgebeeld. Wat een ontgoocheling. Nooit kijk ik meer op dezelfde wijze naar het schilderij.

Luister ik voortaan ook anders naar de *Jephta* van Händel? In het gelijknamig oratorium hebben de componist en zijn librettist Thomas Morell voor een happy end gezorgd door een engel op te voeren die het meisje priesteres laat worden. Ook niet leuk, maar toch beter dan ten prooi vallen aan het dodelijk vuur. Georg Friedrich Händel (1685-1759) was al bijna blind toen hij het driedelige oratorium schreef. Hij deed er meer dan een half jaar over en het was zijn laatste oratorium. Hier en daar staat in de partituur: 'Tot zover, ik kan niet meer verder omdat het zicht in mijn ogen te zwak is geworden.' Een staaroperatie moest het licht in de ogen terugbrengen, maar die opzet mislukte, twee jaar na de voltooiing van *Jephta* was hij volledig blind. Het weerhield hem er niet van te blijven optreden, als organist en dirigent. Zijn laatste concert was in Covent Garden, acht dagen voor zijn dood op Goede Vrijdag 14 april 1759. De begrafenis was een nationale gebeurtenis, zijn lichaam werd bijgezet in de schitterende Westminster Abbey. Altijd als ik in Londen ben, loop ik de kerk binnen om naar de grafsteen van Händel te staren, het is toch of je even dichter bij het genie bent gekomen, het prettige gevoel dat een postuum eerbewijs aan een held nu eenmaal geeft. Dat ik dat gevoel deel met velen blijkt uit de lange rij wachtenden voor de ingang van de kerk. Händel is niet de enige belangrijke dode die rust in de Abbey tegenover het Britse parlement, maar wel de beroemdste.

Jephta is een van zijn mooiste oratoria, al was het maar door de manier waarop hij in liefdevolle noten de dochter uitbeeldt of de knappe wijze waarop het koor als in een Grieks drama commentaar levert op het afschuwelijke dilemma van vader Jephta die God een belofte heeft gedaan waaraan een vader eigenlijk niet kan voldoen. Als deze kwestie aan de orde komt, gebruikt Händel omlaag lopende, bijna conflicterende akkoorden om aan te geven dat hij met de loop van de geschiedenis niet kan leven. Op briljante wijze schildert Händel de eenzaamheid van de vader en de wanhoop van de moeder en haar geliefde Hamor. Steeds als Jephta's gewichtige positie moet worden benadrukt maakt het koor indruk met krachtige melodieuze uithalen om even later als een toeschouwer commentaar te geven op de gruwelijke scènes. Hartverscheurend is de aria *Farewell* waarin de dochter afscheid neemt van het leven. Het koor smeekt in schitterende samenzang de Heer om genade voor dit onschuldige kind. Zou er onder de verflagen van *Het Joodse bruidje* nog ergens een engel schuilgaan?

☙

27

Dromen van Pieter en Janine

Z estien jongens en meisjes lopen gewapend met hun instrument een beetje onhandig het podium op om te buigen voor het publiek. De meisjes hebben lange jurken aan en lijken opgelucht dat ze zonder te struikelen hun positie kunnen innemen. Wie veertien jaar is en een volle zaal tegemoet treedt, heeft nog geen zelfverzekerde manier van lopen.

De leerlingen van de Jong Talent Klas van het Haagse Koninklijk Conservatorium spelen een uitwedstrijd, ze demonstreren hun verbluffende vaardigheden in de Kleine Zaal van het Amsterdamse Concertgebouw. Vrienden en familieleden van de jonge artiesten kijken trots om zich heen en controleren streng of er wel hard genoeg geklapt wordt. Dat begint al tijdens de opening van het concert als er tot verbijstering van de aanwezigen een cello het podium op wandelt. Even later blijkt daarachter een tienjarig meisje schuil te gaan dat zonder blikken of blozen het eerste deel van een concertino van de Fransman Jean-Baptiste Bréval speelt, een moeilijke compositie uit de Franse barok. De tiener, Ella van Poucke, is zelfs voor haar leeftijd klein van stuk. Lange zwarte haren slierten boven een witte jurk met stroken. Ze gaat zitten en speelt. De kleine vingertjes drukken op de snaren alsof ze nooit anders gedaan hebben en de strijkstok veert krachtig heen en weer. Het meisje maakt na afloop van haar topprestatie een buiging en kijkt nonchalant de zaal in alsof ze zich probeert te herinneren in wélke wereldstad ze ook al weer een concert geeft.

Tijdens het applaus kijk ik omhoog en lees de namen van beroemde componisten die zijn aangebracht op de wanden van de zaal. Schubert, Mozart, Mendelssohn. Bijna allemaal wonderkinderen in hun tijd. Hoe ver zullen de leerlingen van het Haagse Conservatorium het schoppen? In ons land studeren er jaarlijks bijna zesduizend jongens en meisjes aan elf conservatoria. Ze dromen allemaal van een plaats in een orkest, als het even kan in het Concertgebouworkest. Daar is per jaar een enkele vacature. Alleen de allerbesten maken er een kans en de gelukkigen komen niet altijd uit Nederland. Sommige studenten hebben nóg meer ambitie: ze willen solist worden. Er hangen foto's van Janine Jansen en Pieter Wispelwey op hun slaapkamer. Zouden ze ongelukkig worden als hun droom niet uitkomt?

Op het podium zetten zestien jonge strijkers, opgesteld in een halve cirkel, het *Allegro voor vier strijkkwartetten* van Johannes van Bree (1801-1857) in. Het *Allegro* is het bekendste werk van deze onderschatte Nederlandse componist. Geboren violist, directeur van de Maatschappij ter bevordering van de Toonkunst, dirigent van het orkest van Felix Meritis, een religieus bewogen man. In zijn tijd werd hij gezien als de grootste musicus van ons land, geen geringe prestatie voor een jongen die zijn loopbaan in Friesland begon als pianostemmer bij zijn vader en daarnaast zijn brood moest verdienen als begeleider van een lokaal dansgezelschap. De tijd die hij overhield besteedde hij aan de kinderen van de rijke baron Collot d'Escury, die hem betaalde voor de muzieklessen aan zijn kroost in het landhuis bij Minnertsga. Zijn talent kwam pas tot volle wasdom nadat hij uit het Friese landschap wegtrok en terugkeerde naar zijn geboortestad Amsterdam. Daar werd hij door zijn innemende karakter een centrale figuur in het hoofdstedelijk muziekleven, amateur en professioneel. Van Bree liet zich niet voorstaan op zijn bijzondere talent, al kon hij partituren 'lezen' als geen ander en wist hij orkesten en koorgezelschappen tot grote prestaties te brengen. Hij leidde een strijkkwartet dat in Nederland de grandioze strijkkwartetten van Beethoven introduceerde.

Ook als componist stond Van Bree gedurende zijn leven in hoog aanzien. Hij liet zich horen in vrijwel alle genres, een vioolconcert, symfonieën, uiteraard strijkkwartetten en de vrolijke opera's *Saffo* en *De Bandiet* die net als vrijwel alle andere opera's die door Nederlandse componisten zijn geschreven niet meer worden uitgevoerd. We zouden de naam van Johannes van Bree vrijwel nooit meer horen als er in Amsterdam achter het Concertgebouw niet een straat naar hem was genoemd, een mooie straat trouwens waar hij trots op kan zijn. Net als op dat *Allegro voor vier strijkkwartetten* een verrukkelijk, levendig, melodieus en vrolijk stuk dat op het lijf geschreven lijkt van de zestien jonge mensen die elkaar enthousiast in de Kleine Zaal van het Concertgebouw toe knikken wanneer de melodie moet worden overgenomen. Een melodie die gemaakt lijkt door een Frans neefje van Mendelssohn. De spelvreugde spettert er vanaf.

Waar zijn deze musici over tien jaar? Misschien blijven ze elkaar trouw en vormen ze een toporkest dat de wereld verovert. Met dank aan Johannes Van Bree.

De oude juwelen van
Bush, Byrd en Dowland

Er was in mijn vriendenkring één jongeman níet verliefd op Kate Bush, de beeldschone Engelse zangeres van 'Wuthering Heights'. We hebben de stakker naar een therapeut verwezen. Kate Bush was vanaf haar debuut in 1978 een stralende lichtbundel in het door commercie bezoedelde decor van de populaire muziek. De fee uit Kent betoverde ons met haar erotiserende stem. Haar repertoirekeuze leek eerder een greep uit de nalatenschap van de Engelse barok dan een echo van de Amerikaanse rock-'n-roll. Na het uitbrengen van iedere cd verdween ze voor jaren uit de publiciteit die ze net zo haatte als de bazen van haar platenmaatschappijen, die wilden dat ze makkelijk in het gehoor liggende hits schreef. Aan het album dat uitkwam in 2006, *Aerial*, heeft ze twaalf jaar gewerkt en het resultaat is ernaar. Kate is dan zevenenveertig jaar oud, nog steeds een mooie vrouw en moeder van een klein jochie, Albert, voor wie ze het prachtige liedje 'Bertie' schreef. Haar hoge stem wordt in dat nummer begeleid door een luit en vanaf de eerste noot wanen we ons in de Gouden Eeuw. We zien de tovenares met haar donkerrode haar en ovale gezicht bij het venster staan, als in een schilderij van Vermeer. Op de donkere achtergrond ontwaren we een klavecimbel. Het zonlicht valt op het blauwe gewaad van de jonge moeder. Ze kijkt omlaag, naar haar zoontje dat buiten speelt en zingt hem toe: 'You bring me so much joy'. Kate Bush is een door en door Britse vrouw. Ook haar songs laten daar geen twijfel over bestaan, ze lijken regelrecht afkomstig uit de muzikale juwelenkist van drie grootheden uit de zestiende en de zeventiende eeuw: William Byrd, Thomas Morley en John Dowland.

Dowland (1563-1626) was de beste luitspeler van zijn tijd en misschien wel de eerste componist van een Engelse hit. Zijn danslied *Flow my tears* werd in alle koninklijke kastelen van Europa uitgevoerd. Het is wonderlijk te horen hoe Dowland met eenvoudige harmonieën zoveel diepte weet te bereiken. De muziek ontlokte tranen van verlangen bij de vrouwen aan het hof die dol waren op Dowland en zijn luit. Voor de waardering van koningin Elizabeth heeft hij lang moeten vechten, omdat hij tijdens een verblijf in Europa katholiek was geworden en dat werd door de strenge paladijnen van de koningin als verraad gezien. Pas aan het einde van zijn leven, in 1621, werd hij door Elizabeth benoemd als hofluitist.

Tijdgenoot William Byrd (1540-1623) was vanuit religieus oogpunt helemaal een schavuit. Hij had lak aan de wet die iedereen opdroeg de Anglicaanse dienst bij te wonen, schreef aan de lopende band muziek voor de katholieke onderwereld en ontkwam slechts aan het schavot door heimelijke steun uit koninklijke kring. Een netwerker *avant la lettre* die ervoor zorgde dat hij voortdurend belangrijke mensen in zijn omgeving had als pionnen in een schaakspel. Belangrijke types uit de sfeer van Elizabeth zorgden voor introducties in adellijke kring. Ze verspreidden zijn composities en wierpen een dam op tegen roddel en achterklap van jaloerse collega's. Hij gaf les aan talentloze dochters van de hogere adel waarmee hij zich verzekerde van een behoorlijk inkomen. De graaf van Worcester was zijn belangrijkste beschermheer. Byrd was ook in muzikaal opzicht een stoute man. Hij experimenteerde met nieuwe compositievormen, schreef klavierwerken die als basis dienden voor het oeuvre van zijn beroemde leerlingen Thomas Tomkey en vooral Thomas Morley.

De Engelse muziek heeft veel te danken aan Morley (1557-1602), uitgever, componist, organist, dirigent en muziektheoreticus. Om de sfeer van de Renaissance te introduceren in een land dat snakte naar elegantie gaf hij Italiaanse madrigalen uit. Hij schreef het belangrijke essay *Plaine and Easie Introduction to Practicall Musicke* dat in Engeland nog steeds wordt beschouwd als een standaardwerk over de historische muziekpraktijk. Maar vóór alles was hij een toondichter die tijdens zijn korte leven ook vijfenveertig religieuze koorwerken, honderddertig madrigalen en dertig instrumentale composities schreef. En dan zijn er nog de songs, schitterende liederen die iets minder schuld en boete bevatten dan die van Byrd en Dowland en daarom ook vrolijker zijn. Hij legt mooie metrische verbanden tussen de taal van de dichter en die van de componist. 'It was a lover and his lass' is een verrukkelijk liedje uit de Gouden Eeuw van de Engelse muziek. Het liedje zou zich thuis voelen in het repertoire van Kate Bush.

En het zou de platenbazen ook tevreden stellen, want het zou ongetwijfeld een hit worden.

∞

29

De eerste viool

V rienden verweten me vroeger dat ik op school vaak de eerste viool wilde spelen. Later hoorde ik dat zinnetje terugkomen in redactievergaderingen die ik voorzat. De kwalificatie was niet bedoeld als een compliment, maar als de diagnose van een karakterzwakheid. Iemand die altijd de eerste viool wil spelen geeft te weinig ruimte aan zijn omgeving. Op den duur werd ik zo moe van deze verwijten dat ik besloot geen leidinggevende functie meer te aanvaarden.

In een orkest speelt de concertmeester de eerste viool, hij is aanvoerder van het peloton strijkers en de rechterhand van de dirigent. Meestal is hij zo ver gekomen omdat hij beter viool speelt dan zijn collega's en daarbij ook nog beschikt over leidinggevende eigenschappen. Het orkest is trots op hem.

Bij een eerste violist denk ik aan Johannes Leertouwer, jarenlang concertmeester bij de Nederlandse Bachvereniging. Hij speelde op Goede Vrijdag de eerste viool in de aria 'Erbarme Dich' uit de *Matthäuspassion* van Johann Sebastian Bach. Ik heb geharnaste bankdirecteuren (de sponsors) bij het horen van die aria een traantje zien wegpinken. Ministers grepen geroerd de hand van hun verwaarloosde partner. Elk jaar kijkt het orkest met plaatsvervangende trots naar de eerste violist die de melodie introduceert en de aandacht van een volle zaal of kerk op zich weet gevestigd. Want meer nog dan voor de zangeres is 'Erbame Dich' een kunststukje voor de violist. Niet alleen vanwege die paar lastige loopjes, maar vooral omdat hij de melodie introduceert en weet dat iedere verkeerde noot de betovering van het publiek zal verbreken.

Ik heb een aantal jaren achter elkaar in mateloze bewondering geluisterd en gekeken naar de uitvoering door Johannes Leertouwer. Soms ging hij, als de dirigent het goed vond, erbij staan. Een mooi moment was dat. Een lange slanke man die oprijst uit het gezelschap van anonieme strijkers, uiterlijk onbewogen, een verlegen blik achter een bril. De toehoorders houden de adem in en stoten elkaar aan. Dit is het ultieme muzikale moment van de dag, de komende weken zal die melodie nog in hun hoofd zitten en het gevoel oproepen dat de mens misschien toch geneigd is tot het goede. Nee, het was niet de zangeres of countertenor die dat gevoel bewerkstelligde, ook niet de smekende tekst, maar die jongeman die de melodie zo verschrikkelijk mooi speelde en na afloop ging zitten alsof er niets gebeurd was, terwijl het publiek ongemakkelijk kuchte om de losgemaakte emoties weer de baas te worden.

Johannes Leertouwer werd na zijn werk als violist bij de Bachvereniging dirigent van het Noord Nederlands Orkest, gastdirigent bij De Nederlandse Bachvereniging en de Osaka Symphoniker in Japan. Hij heeft een breed repertoire opgebouwd met muziek van de Weense klassieken tot die van eigentijdse componisten als Wang, Horsthuis en Agsteribbe. Toch blijft hij een strijker in hart en nieren. In het Mozartjaar 2006 nam hij met zijn gezelschap La Borea alle vioolconcerten van Wolfgang Amadeus Mozart op.

Dat is een lastige klus want in de documentatie is weinig te vinden dat houvast geeft voor de juiste interpretatie van deze rijke werken. Mozart schreef de vioolconcerten in een periode dat hij, tussen de vele reizen door, wat langer thuis in Salzburg verbleef waardoor er uit die tijd weinig brieven zijn. Leertouwer was dus aangewezen op de partituur. Hoe zag het origineel eruit?

Om daar achter te komen bestudeerde hij kopieën van de originele partituren in de bibliotheken van Krakow, Berlijn en Washington en werd geïnspireerd door de beweeglijke lichtheid van Mozarts handschrift, de overstelpende ideeenrijkdom en de geestdrift waarmee het supertalent de noten op papier zette.

Zo ontdekte Leertouwer in het laatste deel van KV 216 alternatieven voor een passage die je nooit hoort en liet hij zijn plan varen om in KV 219 slagwerk te gebruiken na het zien van de duidelijke suggestie van Mozart om die passage *coll arco al roverscio* te spelen oftewel met omgedraaide strijkstok.

Voor de opname van deze concerten haalde Leertouwer zijn Amati uit de kast, de kostbare viool, gebouwd in Cremona in 1619, waarop hij alleen speelt bij intieme muzikale gelegenheden.

Voor wie schreef Mozart zijn vioolconcerten? Daarover bestaat geen zekerheid. Voor de Salzburgse hofviolist Antonio Brunetti? Misschien voor zichzelf? Nee, Leertouwers lichte en heldere versie maakt duidelijk dat Mozart zijn muziek schreef: voor ons.

30

Een luie sprookjesverteller

Geen kwaad woord over de verbeeldingskracht van de Teletubbies. Aangemoedigd door hun overspannen opvoeders (m/v) kunnen kinderen dankzij de moderne elektronica ieder gewenst moment van de vrolijke schepsels genieten. Het houdt hen koest in drukke tijden. Toch opper ik voorzichtig dat een kind beter af is met de sprookjes van de Deense schrijver Hans Christian Andersen, voorgelezen door vader of moeder. Elke regel in die boeken getuigt van de liefde voor zijn helden die net als wij twijfels en zwakheden kennen. Het zijn juweeltjes van verhalen met een moraal die nooit aan actualiteit inboet. De beduimelde pockets met Andersens werk staan op een speciale plek in mijn boekenkast als trotse bewakers van de kindertijd.

Componisten zijn altijd dol geweest op sprookjes, legenden of sagen als inspiratiebron voor hun werk. Het meest aansprekende voorbeeld is *De tovenaarsleerling* van Paul Dukas. Ik ken geen muziekstuk dat zo tot in de details een verhaal (van Goethe) vertelt. Dukas beschrijft de spannende avonturen van de bezemknecht met alle rijkdom aan klanken die het orkest ter beschikking heeft. De compositie is om die reden bij uitstek geschikt om de jeugd op speelse wijze kennis te laten maken met de klank van het symfonieorkest.

Voor zover mij bekend is van Dukas' tovenaarsleerling geen ballet gemaakt terwijl het er buitengewoon geschikt voor is. De tijd was er in ieder geval rijp voor. Geld en fantasie genoeg. Het ene meesterlijke ballet na het andere ging in première. Drie grote Stravinsky-balletten, Ravels *Daphnis et Cloé* en *La Valse*, Debussy's *Jeux*, het kon niet op. Alles begin twintigste eeuw. Toen de filmtechniek een beetje volwassen werd maakte Walt Disney zijn meesterlijke *Fantasia* waarin Debussy's compositie werd verwerkt. *De tovenaarsleerling* is een fantastisch stuk en voor Dukas uniek. Hoe kon het dat deze componist maar één stuk componeerde dat in alle opzichten gaaf is en een traditie van een halve eeuw symfonische gedichten afsluit van Liszt, Strauss, Franck, vele Russen en Fransen, componisten van wie je alle invloeden moeiteloos in de tovenaarsleerling kunt traceren. Virtuoze orkestratie, harmonische vernieuwingen, alle impressionistische foefjes van die tijd. In niets doet het onder voor Stravinsky's *L'oiseau de feu* dat pas tien jaar later wordt geschreven en waarvan we in het algemeen alleen nog de beste fragmenten horen, verzameld in een suite. Maar voor Stravinsky was *De vuurvogel* het begin van een grote carrière. Dukas schreef maar één zo'n stuk. Een raadsel.

Er zijn maar weinig voorbeelden van kunstenaars die slechts door één meesterworp blijven voortbestaan. Zijn tijdgenoot Duparc misschien, dankzij zijn *Twaalf liederen*, maar verder hoor je niets meer van zijn composities. Wonderlijk.

Minder bekend dan *De tovenaarsleerling*, maar minstens van hetzelfde niveau is het werk van de Russische componist Anatoli Ljadov (1855-1914) die zijn omgeving tot wanhoop bracht met zijn spreekwoordelijke luiheid. Zijn leraar compositie, Rimsky-Korsakov, stuurde de talentvolle leerling in het tweede jaar van de opleiding naar huis omdat hij te vaak spijbelde, opdrachten werden niet of te laat ingeleverd, viool studeren kostte te veel moeite en pianospelen deed hij heel traag en zachtjes. Ljadov werd vooral beroemd door een stuk dat hij niet af kreeg: *De vuurvogel*. Vijf maanden voor de première van het ballet waarvoor hij de muziek zou schrijven liet Ljadov weten dat er nog geen noten waren, maar dat hij wel al de benodigde hoeveelheid muziekpapier had aangeschaft. Hij sloot niet uit dat hij de compositie op termijn zou voltooien. Op dat moment werden in Parijs de affiches voor het ballet al persklaar gemaakt. In wanhoop gaf impresario Diaghilev de opdracht aan een ander jong talent: Igor Stravinsky die er een muzikale revolutie mee ontketende.

Het complete werk van Ljadov kan op één concertavond worden gespeeld. Dat gebeurt helaas zelden. Zijn muzikale sprookjes zijn van een magische schoonheid. De sprookjesfiguren zoeven, al of niet op een bezem, door de concertzaal dat het een lieve lust is, maar nergens gebruikt de componist voor dat effect muzikaal geweld. Ljadov hield niet van werken én niet van lawaai. In zijn diepzinnigste compositie, *Het betoverde meer*, laat de componist horen hoe stilstaand water klinkt. Expressiever is het portret van Kikimora, de lelijke vrouw van het spook Domovoi, en van Baba Jaga, de heks die door de lucht vliegt in een hut op kippenpoten. Ljadov tekent zijn grillige hoofdpersonen in klank en ritmiek die hun bestemming verraden: het balletpodium. Daarin toont hij een grote verbeeldingskracht, misschien wel zo groot als die van Hans Christian Andersen.

31

In Dalfsen klonk Bach

D e hoofdredacteur van het weekblad waarvoor ik werkte, vroeg of ik een vraaggesprek wilde maken met Louis van Dijk. De pianist was op dat moment op het toppunt van zijn roem. Zijn grammofoonplaten gingen als broodjes over de toonbank en iedere zanger(es), jazz of klassiek, wilde door hem worden begeleid. Willem Duys sprak op zondagochtend op de radio haast kwijlend over het 'fluwelen touché' van de beminnelijke musicus. Ik was er trots op de man te ontmoeten.

Op het Amsterdamse conservatorium waar Louis studeerde, en waar ik anderhalf jaar heb rondgelopen, werd zijn veelzijdigheid door de medestudenten met gemengde gevoelens ontvangen. De man kon alles op de vleugel, daar was iedereen het over eens, zelfs jazzmuziek spelen. Hij begeleidde Ramses Shaffy in een etablissement aan het Rembrandtsplein in een sfeer van nieuwe Amsterdamse vitaliteit en in een geur van rook en alcohol. Was dat geen verspilling van zijn talent, vroegen jaloerse medeleerlingen zich af. Alles ging hem zo gemakkelijk af. Het eindexamen leek hij er even bij te doen. Louis van Dijk kan zich uit die tijd niet veel meer herinneren anders dan dat hij wel drie of vier dingen op een dag deed en dat studeren daar niet altijd bij zat. Wel besloot hij een paar weken voor het eindexamen van het conservatorium het drankgebruik geheel stil te leggen en, zoals hij dat formuleerde, 'een beetje te studeren'. In die tijd was het ondenkbaar dat er een leervak 'lichte muziek' aan de beroepsopleiding zou ontstaan. Het idee dat je van jazz of popmuziek je vak kon maken! Pas toen de popmuziek de smaak van een generatie volledig domineerde, meldden de eerste leerlingen zich aan voor hoofdvak slagwerk of gitaar. Louis van Dijk wist al eerder in de lichte muze zeer goed zijn boterham te verdienen.

In zijn huis in het Overijsselse Dalfsen, dicht bij een oud kerkje op een terp, trof ik voor het vraaggesprek een muzikaal beest met barokmuziek in de genen. Hij speelde die middag voor mij alleen. Ik stond naast de vleugel en dacht dat Bach zijn zoon Louis naar de aarde had gestuurd om de mensheid te redden uit de klauwen van de popmuziek. Bach ging niet erg met zijn tijd mee daarboven. Louis van Dijk speelde graag in de taal van Bach, ook op bevel. Ik gaf hem een thema op, ik meen het Wilhelmus, en hij improviseerde op die melodie een fuga die door Bach leek ingefluisterd. Ik was verbluft en mijn artikel over de artiest werd in juichtonen genoteerd. Dat mocht nog in die tijd.

Het viel te verwachten dat bij de pianist een keer de terugslag zou komen. Zelfs een bescheiden, gelovig mens als Louis van Dijk houdt het niet vol om jaar in jaar uit de winst binnen te halen van een ongewoon talent. Het leven kent naast pieken ook dalen. Louis werd het muzikaal knuffelbeest van de society, werkte zich te pletter, kreeg te maken met privétegenslag en raakte in een depressie. Uit een interview met *Elsevier* begrijp ik dat hij er gelukkig weer bovenop is gekomen en geniet van het leven. Er is geen betere therapie dan musiceren. Hij spreekt zelf over 'een genade'.

Louis is aangeraakt door de geest van Bach, net als honderd jaar eerder Felix Mendelssohn, die als tienjarige jongen door zijn leermeesters al vertrouwd werd gemaakt met de geheimen van de fuga. In alle Duitse bibliotheken waar muziek van Bach te vinden was, kopieerde Felix diens heilige nootjes. Duizenden inktpotten moet hij hebben gebruikt, want niet alleen de orgelwerken maar ook de grote concerten inclusief de passies schreef hij gretig over. Op den duur zette 'het systeem Bach' zich vast in zijn muzikaal geheugen.

Niet alle composities uit de muzikale nalatenschap van Mendelssohn (1809-1847) zijn een eerbetoon aan Bach. Ook Beethoven en Mozart eisen hun rechtmatige deel op. Maar in de zes *Preludes* en *Fuga's opus 35* voor piano is de *godfather* van de muziek nooit ver weg. Strenge Bachliefhebbers noteerden in hun recensies dat Mendelssohn in deze composities een romantische karikatuur maakte van het heilige werk van hun god. Dat mag dan zo zijn, als je ervoor in de stemming bent is het volop genieten, bijvoorbeeld van de prachtige dramatische eerste fuga. Hier zit de jonge Mendelssohn als het ware naast Bach op het harde bankje achter het orgel in de kerk, terwijl zijn beentjes machteloos boven de pedaaltoetsen bungelen. Hij registreert hoe Bach speelt met zijn thema, de melodie omkeert en aan het einde de meerstemmigheid tot een climax laat komen in een machtig koraal.

Wat dan rest is de genade.

☙

32

De wereld van Chagall in muziek

Ze was eigenlijk nog een kind en toch al een jonge vrouw. Wanneer ze speelde of boog voor het publiek ging mijn hart sneller kloppen. Ik was niet de enige, veel mannen in de zaal waren een beetje verliefd op Emmy Verhey, al klapten ze ook voor haar vioolspel. De bijna fysieke opwinding die haar optreden veroorzaakte, had niet alleen te maken met haar warme uitstraling of de kleine ruimte tussen haar voortanden. Het was de combinatie van dat weerloze meisje van zestien met haar viool en de weemoedige muziek van Bruch die de jongensziel tartte. Wie kon daaraan weerstand bieden? Niet het publiek, niet de dirigent die na afloop van het concert jaloersmakend lang haar hand vasthield. Ook niet de roddelkoning van het eerste uur, Henk van der Meyden, die volgens geruchten speciaal voor Emmy 'uit de kast' was gekomen. Met grote regelmaat verschenen er op de Privé-pagina van zijn krant juichende reportages over de wijze waarop 'zijn' Emmy Verhey de wereld veroverde. Hij organiseerde speciaal voor de lezers van zijn krant concerten met Emmy in de hoofdrol. In haar reiskoffer lag onder de galajurken de partituur van het *Eerste vioolconcert* van Max Bruch, een hartstochtelijke romantische compositie. Verplichte kost voor alle talentvolle violisten die een groot publiek wensen te veroveren. Het staat op het repertoire van al die begaafde jonge meisjes die nu, decennia na het succes van Emmy Verhey, op dezelfde wijze worden bewonderd omdat ze technisch alles al kunnen voor ze twintig zijn en dankzij hun uiterlijk ook nog geschikt zijn om de hoes te sieren. De marketingmensen van de platenmaatschappij zijn erachter gekomen dat het niet langer de muziek is die verkoopt, maar de uitvoerders. Waarom zou je nóg een cd met het *Eerste vioolconcert* van Bruch aanschaffen? Alleen wanneer het door een nieuw talent 'heel anders' wordt gespeeld dan alle vedetten die geen zin meer hebben in dat stuk dat ze wel mooi vinden, maar dat niet past in hun volwassen geworden repertoire. Bruch zou de eerste zijn om daar begrip voor te tonen, hij kon na verloop van tijd zijn eigen stuk niet meer verdragen, zo vaak werd het uitgevoerd. Aankomende violisten die het hem wilde voorspelen, weigerde hij de deur: 'Alweer datzelfde concert? Kinderen, speel toch eens mijn *Schotse fantasie.*'

Max Bruch (1838-1920) was een romanticus in hart en nieren. Als erkend wonderkind van de beroemde sopraan Wilhelmina Almenräder begon hij meteen maar met het grote werk. Toen hij elf jaar oud wees schreef hij kamermuziek en een orkestouverture. Net bekomen van de eerste verliefdheden maakte hij een opera die zijn blik op de wereld samenvatte in de titel *Scherz, List und Rache.*

Het echte werk begon pas nadat hij tijdens zijn reizen de dichter Geibel ontmoette die zijn vaste librettist zou worden en met wie hij cantates en opera's zou schrijven. Zijn omgeving voorspelde dat hij tot de grootste componisten aller tijden zou gaan horen, maar die verwachting kon hij niet waarmaken. Bruch was een conservatief musicus die zeventig jaar lang dezelfde soort muziek schreef. Hij was razend populair, 'de mensen leven en ademen mijn melodieën', constateerde hij tevreden.

Maar de wereld was in beweging en de muziek ook. Liszt, Wagner, Stravinsky en Schönberg hadden de bordjes verhangen met nieuwe opvattingen over de taak van een componist die zich niet diende te beperken tot het behagen van de luisteraar. Bruch verzette zich fel tegen de zijns inziens dwaze ideeën van 'al die nieuwlichters'. Hij hield vast aan de melodieuze stijl die was gebaseerd op volksmuziek uit verschillende landen en sprak denigrerend over de opvattingen van de 'nieuwe Duitse school'. Overal waar hij kwam zocht hij naar de mogelijkheid te luisteren naar de melodieën van de volksmuziek. Daarom was hij ook zo trots op de *Schotse Fantasie*.

Behalve dat dekselse vioolconcert schreef Bruch nog een publiekslieveling: *Kol Nidrei*, een juweeltje van een minuut of tien voor cello, harp en orkest, gebaseerd op Joodse liturgie. De reeks gebeden wordt gezongen aan de vooravond van de Joodse Verzoendag. Daarin wordt spijt betuigd voor alle misstappen die men in het voorafgaand jaar heeft begaan. In de muziek die Bruch ervan heeft gemaakt schildert het orkest het licht dat valt door de gebrandschilderde ramen van de oude synagoge. Het lijkt wel de wereld van Chagall. De cello speelt de rol van de voorzanger die oproept tot een zuiver leven.

Ik denk aan die verlegen violiste van zestien jaar die buigt voor haar publiek.

33

Een muzikaal bombardement

Muziek is het slechtst te verdragen wanneer het de nadrukkelijke bedoeling heeft het lichaam in beweging te brengen of te houden. Wat dat betreft biedt het interieur van sportscholen een treurig aanzicht. Tientallen mensen bewegen zwetend op hetzelfde ritme op een loop- of fietsmachine. Nog erger is de monotone dreun die een massa jonge mensen in een bunker aan de rand van de stad tot diep in de nacht in trance brengt, vaak een handje geholpen door zogenaamd geestverruimende pilletjes. Het opzwepende karakter van de klanken heeft iets beangstigends. Het is de dreun die je bij het stoplicht hoort komen uit zwarte auto's, type Golf, waarvan de bestuurder een honkbalpet omgekeerd op het hoofd heeft.

Ook klassieke muziek kan de bedoeling hebben de massa te beïnvloeden: op een koude middag in maart staan tienduizend mensen in monsterlijke want sportkleding te wachten op het verlossende startschot. Ik sta er ook tussen, kleumend, op dat grote plein in Brussel. Mijn doel is die middag een persoonlijk record te vestigen op de halve marathon. De organisatie doet er alles aan om de bonte menigte in de stemming te brengen. Aan de malle antieke zuilenpoort die het plein scheidt van het Jubelpark zijn gigantische luidsprekers bevestigd waaruit muziek van Richard Strauss klinkt. *Also sprach Zarathustra.* De titel is ontleend aan het boek van Friedrich Nietzsche. Hij voert daarin een man op, Zarathustra, die op zijn dertigste levensjaar naar de bergen vertrekt om daar als kluizenaar te leven en na te denken over de zin van het bestaan. Hij komt onder meer tot de conclusie dat de mens op weg is te worden wat de mens zou moeten zijn, een 'übermensch', maar dat dat doel nog ver weg is. Strauss liet zich inspireren door de gedachte dat de mens op den duur een beter wezen zou worden dan het type dat er in zijn tijd een puinhoop van maakte. Dat levert vreemde muziek op. 'Een potsierlijke potpourri van hysterische heroïek en Weense wanstaltigheid,' schreef de musicoloog Elmer Schönberger in een recensie.

De nerveuze lopers herkennen de melodie van een reclamefilmpje voor wasmiddelen. Tergend langzaam stijgen de akkoorden die tot een orgiastische uitbarsting komen juist op het moment dat het lint wordt weggetrokken voor de eerste rij atleten. Daarna volgen wij, de brekebenen van middelbare leeftijd, die onder het gejuich van de toeschouwers in een ongezond tempo hun buikje door de straten van Brussel dragen.

Richard Strauss (1864-1949) heeft voor de nazi's gewerkt. Ze promoveerden de begaafde musicus zelfs tot president van de Reichsmusikkammer. In 1934, op zijn zeventigste verjaardag, ontvangt hij van staatswege ereportretten van Goebbels en Hitler. Kort daarna is het uit met het wederzijdse eerbetoon als Strauss de Joodse schrijver Stefan Zweig kiest voor het libretto van de opera *Die Schweigsame Frau*. Hij neemt afstand van de rassenpolitiek, al was het maar uit liefde voor zijn Joodse schoondochter, maar schrijft wel een onderdanige brief aan Hitler in de hoop met rust gelaten te worden. Wat hij met de Duitse nationaal-socialisten gemeen heeft, is een dweperige liefde voor de Europese cultuur. Met intens verdriet ondergaat hij de vernietiging die de oorlog aanricht. Het geallieerde bombardement op

Dresden ervaart hij als een apocalyps: 'De geschiedenis is een vrijwel onafgebroken keten van stomme en verderfelijke daden, van ieder soort slechtheid, hebzucht, verraad, moord en vernietiging.' Het zijn de overwegingen van een teleurgesteld man die op zijn oude dag nog één keer een vlammend protest wil laten horen tegen de afbraak van de beschaving. Hij schrijft een van de indrukwekkendste composities uit de muziekliteratuur: *Metamorphosen*. De eerste keer dat ik de compositie hoorde moest ik het raam openzetten om niet duizelig te worden van de woede die als een bokshandschoen op me afkwam. Strauss haalt zijn medestrijders uit de muziekgeschiedenis en niet de minsten. De drieëntwintig strijkers voor wie het stuk is geschreven sleuren Beethoven en Mahler mee in het gevecht tegen de duistere krachten die uit zijn op vernietiging van alles wat mooi is. Prachtige kleuren die je óók ziet tussen het grauw van het verval. Steeds kondigen vier dreigende slagen een ogenschijnlijk vrije val aan van de beschaafde wereld, maar dan, halverwege, biedt Strauss via onnavolgbare harmonische verschuivingen zicht op redding. Is het de dood in vermomming? De laatste berustende maten klinken als zijn *letzte Worte*. Geen zelfmedelijden: 'hysterische heroïek' heeft plaatsgemaakt voor compassie met de slachtoffers van menselijke wreedheid.

Nog een fijn aspect van deze briljante compositie: het onvoorspelbare ritme leent zich totaal niet voor misbruik door exploitanten van sportscholen en andere instituten voor ijdeltuiten die vinden dat de stramme ledematen op het ritme van Strauss moeten bewegen tot ze het begeven. Ook zij kunnen rekenen op compassie van de componist.

∞

34

De stem van het zwijgen

Beelden uit mijn jeugd doemen op bij het horen van vaag bekende klanken: de ommuurde stadstuin achter het huis van mijn pianolerares tante Jet. In het midden staat een perenboom. Het lijkt alsof op de bladeren altijd de zon schijnt. Er hangen loodzware vruchten aan de takken. Voordat de les begint vraagt de lieve oude vrouw met de grijze knot in het haar of ik een paar rijpe peren wil plukken voordat ze gaan rotten en de wespen erop afkomen. Ik hoor door de openslaande deuren van de serre hoe tante Jet intussen een tijdloos melodietje speelt dat ik aan Satie toeschrijf. Een van zijn *Gymnopedies*?

Nu weet ik dat het muziek was van Federico Mompou (1893-1987). Onze muzikale drogist heeft weer toegeslagen, hij ruikt waar de tijd rijp voor is: *musique d'ameublement*, zoals Satie het noemde. Dan had hij het over zijn eigen composities, pianomuziek vooral waarmee onze Reinbert de Leeuw ooit onbedoeld een groot publiek bereikte. Vergelijkbare muziek als die van Mompou. Er klinkt stilte omheen, het zijn zeker geen composities in de ware betekenis van het woord, meer losse schetsen zonder begin en eind. Ook van Simeon ten Holt geeft Kruidvat het gehele oeuvre uit, uitstekende muziek, net iets te mooi en complex voor achtergrondmuziek en zeker om alleen in Nederland een groot publiek te bereiken. Bij hem zijn het niet de stilten die hem geliefd maken, maar de continuïteit die rustgevend werkt. De fijnzinnige twaalftoonscomponist Anton Webern zou eigenlijk ook een dergelijke opleving verdienen. Eens de Che Guevara van de muzikale avant-garde, in snobistische kringen over het paard getild, dreigt hij nu in de vergetelheid te raken wat zijn breekbare constructies onrecht doet. Als je eenmaal, zoals bij Bachs *Kunst der Fuge*, door de techniek heen kunt luisteren, hoor je een poëzie die in de wereld van de atonale muziek zijn weerga niet kent. Men moet niet te ingewikkeld doen over muziek, laat dat maar aan de componisten zelf over.

Zal het werk van Mompou een echte herontdekking opleveren? Zou het gaan als met de prachtige roman *Gloed*? Bijna niemand had ooit van de Hongaarse schrijver Sándor Márai gehoord. Maar ineens lag zijn werk op ieders lip. In Duitsland stak een gezaghebbende recensent in een tv-uitzending zijn duim omhoog, in de *Volkskrant* verscheen een lovende bespreking, anderen volgden en binnen een paar weken stond het boek op de bestsellerlijsten. Dat was elf jaar nadat Márai zichzelf een kogel door de kop had geschoten en zestig jaar nadat de eerste vertaling in Nederland verscheen. Een onopgemerkt kleinood over een tragisch eindigende driehoeksverhouding waarbij de passie voor de muziek van Chopin een belangrijke rol speelt. Het is literatuur waarin de zinderende spanning vooral voelbaar wordt in de stilten die de zinnen oproepen.

Zou het werk van de componist Federico Mompou (zeg Mompauw) definitief terug zijn van weggeweest? Ik las erover op de weblog van Wim de Bie, een gerenommeerde muziekjournalist liet een stukje horen in een populair programma op Radio 4, Kruidvat brengt een doosje uit met verzameld pianowerk en opeens vragen mijn vrienden: 'Wat vind jij van Mompou?'

Net als Satie schiep Mompou iets met bijna niets, zwijgende muziek. *Música Callada*. Hij had maar een handvol noten nodig om ons toe te laten in zijn adembenemende wereld, deze mensenschuwe musicus die zijn brood verdiende als concertpianist. Zoon van een Spaanse vader en een Franse moeder. Af en toe woonde hij in Parijs met de bedoeling in het voetspoor te treden van Debussy en Satie en dan leefde hij weer jaren achtereen als een kluizenaar in Barcelona. 'Opnieuw beginnen' noemde hij die perioden, waarin hij de schoonheid van de eenzaamheid zocht. Mompou wilde naar eigen zeggen muziek schrijven 'die even uit de schaduw komt', primitieve kunst met overal verwijzingen naar de klankwereld van het kind. Af en toe hoor je een echo van de klokken uit de gieterij van zijn grootvader. 'Van veraf' of 'met excuses', schreef hij boven zijn partituur. Hij speelde op het podium graag zijn eigen miniatuurtjes. Gebogen over het klavier met zijn grote handen, die in staat waren brede akkoorden te grijpen, liet hij de stem van het zwijgen horen.

Ik denk terug aan een warme septembermiddag. Een jongen staat op een kistje en plukt de peren in de tuin van zijn pianolerares. Mompou treedt even uit de schaduw van de vruchtenboom.

35

Dronken noten

I n tijden van liefdesverdriet heb ik weleens een melodietje bedacht. Achter de piano, de beeltenis van mijn geliefde voor ogen, kwam er muziek in mij op die de rest van de wereld en in ieder geval het begeerde meisje, een jonge violiste, tot tranen moest roeren. Een massief blok zelfmedelijden, overgoten met een flinke scheut alcohol werd omgezet in dramatische klanken, in de meest letterlijke betekenis van het woord. Toch heb ik met de hulp van mijn broer die ervoor had doorgeleerd de noodkreet op muziekpapier gezet. De narigheid droop van de notenbalken af, maar toen de inkt was opgedroogd waren zowel het liefdesverdriet als het enthousiasme voor het melodietje al weer verdwenen. Tientallen jaren na de mislukte romance kwam ik haar via een gemeenschappelijke kennis weer regelmatig tegen en iedere keer dat ik haar zag maakte een gevoel van grote schaamte zich van mij meester. Niet alleen om de onhandige manier waarop ik de jeugdliefde destijds had laten gaan in plaats van de zaak met een bos rozen en passende teksten goed te maken, maar vooral door de onbenulligheid van het melodietje dat weer bij me opkwam. Wat restte was het vermoeden dat alcohol en creativiteit elkanders vijand zijn. Veel kunstenaars weten uit eigen ervaring dat de zogenaamde briljante invallen die na alcoholgebruik ontstaan, bij nadere beschouwing vooral sentimentele onzin bevatten.

Omdat het ontwikkelen en opschrijven van pakweg een strijkkwartet of een symfonie zelfs van het grootste genie nog volledige concentratie vraagt, is het aantal alcoholisten onder beroemde componisten op één hand te tellen. Mozart, Beethoven, Schubert, Schumann en Brahms stonden bekend als gretige drinkers, maar alcoholist waren ze niet. In onze tijd zouden ze te boek staan als 'sociale drinkers', een curieus begrip dat vooral door de dranklobby ingang heeft gevonden. Wie de gevolgen van het massale alcoholmisbruik bij jongeren beziet moet tot de conclusie komen dat sociaal drinken een *contradictio in terminis* is. Jonge kunstenaars, vooral popmusici, geven, vaak op het podium, het slechte voorbeeld. Dat was vroeger anders, hoewel: Moesorgski heeft zijn liederlijke leven moeten bekopen met een vroege dood. De teloorgang van de adel, het verdwijnen van de grandeur van Rusland werd aan het einde van de negentiende eeuw door de elite gecompenseerd met grote hoeveelheden wodka.

Ook Anton Arensky (1861-1906) was eraan verslaafd, een jongen van goede komaf, vader cellist, moeder pianist. Van haar krijgt hij zijn eerste lessen. Hij blijkt een geboren musicus die al op zijn negende levensjaar in staat was gevoelige liederen te componeren. Hij studeerde cum laude af aan het conservatorium van St. Petersburg bij drinkebroer Rimsky-Korsakov en werd leraar in Moskou. Daar kwam hij onder de vleugels van Tsjaikovsky (matig innemer) die over Anton schreef: 'Hij is buitengewoon begaafd, maar dodelijk nerveus en instabiel. Ik maak me zorgen over zijn gok- en drankverslaving.' Arensky voelde zich aangetrokken tot het nachtleven, tot de schaduwkant van een mooi maar bandeloos Moskou met braspartijen die niet ophielden en pokerspel dat hem bijna aan de bedelstaf bracht. Hij kon de kritiek op zijn levensstijl slecht verdragen en ging terug naar St. Petersburg waar hij directeur werd van de keizerlijke kapel, maar hij zegde zijn baan na enige tijd op om zich volledig te concentreren op het componeren. De critici hadden weinig vertrouwen in zijn carrière. Rimsky-Korsakov voorspelde dat het werk van Arensky spoedig vergeten zou zijn bij gebrek aan een eigen identiteit. Vermoedelijk was Rimsky-Korsakov enigszins beledigd dat hij in de muziek van zijn leerling zo weinig van zijn eigen ideeën terughoorde. 'Tsjaikovsky ontmoet Chopin in een salon,' zo vatte hij de romantische composities samen. Er zijn saaiere confrontaties denkbaar, zou je denken. Verzwakt door de drank overleed Arensky al op zijn 45e jaar aan tuberculose in het Finse Terioki (dat toen overigens nog tot Rusland behoorde).

Een paar kleine briljanten uit zijn muzikale erfenis worden nog met grote regelmaat gespeeld, vooral het *Pianotrio in d mineur*, een liefdevol stuk met een openingsmelodie die doet denken aan een lied van Fauré. Op een mooie zomeravond hoorde ik in Utrecht een uitvoering van het *Strijkkwartet in A mineur* door Janine Jansen en haar vrienden, een prachtig en onverwacht vitaal stuk. Er gebeurde iets vreemds tijdens het concert, op het podium leek de violiste de gedaante aan te nemen van het verloren meisje uit mijn jeugd. Arensky bedwelmde mij met zijn Russische weemoed en ik slaagde er pas na de laatste maat in weer nuchter te worden.

☞

36

Verrukkelijke stokslagen

Een kind imiteert zijn ouders. In menige televisiere-portage over huiselijk geweld beweert een psycho-loog dat een zoon die door zijn vader wordt gesla-gen later zelf ook last krijgt van losse handjes. 'De dader is vaak eerst slachtoffer geweest,' zegt de psycholoog. Hij kijkt erbij of het slechts een kwestie van tijd is dat hem voor deze ontdekking de Nobelprijs voor gedragswetenschappen zal worden toegekend.

De vader van Nicolò Paganini sloeg zijn zoon met een stok. Vader Paganini was een arbeider uit Genua die er een handeltje in levensmiddelen bij deed. Hij was vaak te vin-den aan de goktafels van de havenkroegen. Wanneer hij had verloren werd er thuis gemept. Maar als hij had gewonnen ging de kurk van de fles en ontlokten zijn handen fraaie klanken aan de gitaar. Nicolò keek ademloos toe hoe de rappe vingers over de snaren gleden. Hij imiteerde het spel op de jongenskamer en ontwikkelde spelenderwijs een weergaloze techniek op de gitaar en de viool. Zijn vader ont-dekte in het talent van zijn zoon een goudmijn. Dreigend stond hij met een stok in de hoek van de studeerkamer. Wanneer Nicolò niet hard genoeg oefende sloeg hij toe, als een twintigste-eeuwse tennisvader.

Met zulke vaders kun je maar twee kanten op, erop of eronder. Hoevelen eraan ten onder zijn gegaan kunnen we slechts gissen, maar zeker is dat oneindig veel bijna-wonder-kinderen er doodongelukkig door zijn geworden en maar een paar de kracht hebben gehad de terreur te overleven. En de psychologen hebben gelijk; de ambitie van zulke vaders houdt meestal verband met de frustratie ontwikkeld in de relatie met hun eigen vader. En zo tobben we in rechte lijn maar voort, de kinderbescherming zou eens een steekproef moeten houden in de huiselijke sfeer van het jonge talent. En wat levert het gedrag van die straffe vaders op? Talenten als Mozart en Paganini hadden het ook wel zonder stokslagen gered. Die vaders hadden een psychiater voor zichzelf moeten opzoeken en een leraar voor hun zoontje. Paganini was dan misschien een interessanter componist geworden met een volwassen ontwikkeld gevoelsleven, wat van een gedresseerde vioolacrobaat moeilijk te verwachten is. Zijn privéleven werd dan ook een drama, boeiender dan al zijn composities bij elkaar.

Nicolò vluchtte in zijn tienertijd van huis om door Europa te gaan zwerven. Vanaf dat moment werd hij een legende. Niet alleen door het letterlijk ongehoord virtuoze spel, maar ook door zijn spraakmakende gedrag dat een spoor van vernieling achterliet in de steden waar hij kwam en weer wegtrok. Verdacht van roof, zelfs van doodslag, overal schulden, romances aan het hof en de geboorte van een zoon, Achille, die zijn enige liefde zal worden.

Nicolò is net als zijn vader gokverslaafd. Als hij geen zin meer heeft in vioolspelen begint hij een casino in Parijs. Er ontstaat gedoe over vergunningen en het faillissement laat niet lang op zich wachten. Paganini (1782-1840) is dan al erg ziek, een geraamte dat door de duivel bezeten lijkt. Zo wordt hij ook geportretteerd door zijn vriend, de schilder Delacroix; alleen het bleke gezicht en de arm met de strijkstok lichten op uit de duisternis.

Van zijn composities kent bijna iedereen de *caprices*, beroemd geworden door het sprankelende thema. Talloze componisten hebben het als uitgangspunt genomen voor eigen stukken. De rapsodie van Rachmaninov blijft het dichtst bij Paganini. Geestig en virtuoos. Het meest fantasierijk zijn de variaties voor twee piano's van de Poolse toondichter Witold Lutoslavski (1913-1994). Het is alsof hij een boze droom beschrijft. Lutoslavski zal later, met Ligeti, de meest begaafde onder zijn tijdgenoten blijken, onder wie Stockhausen, Berio en Boulez. Hij gaat virtuoos om met de middelen die zijn tijd biedt, pikt uit de nieuwe technieken alleen de kern mee en overtuigt er zijn gehoor mee. Zijn hedendaagse idioom is meer dan dat van Brahms met diens *Paganini-variaties* en dat van Rachmaninov geschikt om de duivelse achtergronden van Paganini's etude in een passend decor te plaatsen.

Vader Paganini staat klaar met de stok, maar Nicolò ontwijkt hem met zijn lenige gestalte. De machteloze slagen van de vader worden gevolgd door onnavolgbare rappe notenreeksen van zijn duivelse zoon die danst om het logge lijf van de havenarbeider. Hij lacht zijn vader uit, maakt met zijn magere lijf pirouettes in een tempo dat niemand meer kan volgen en na tien minuten stort de vader uitgeput ter aarde. Hij ziet zijn zoon ontsnappen en hoort diens honende lach in de verte.

Zo hebben stokslagen indirect toch nog tot een aantal ware meesterwerken geleid.

37

Nachtmerries op het podium

Mélanie is een meisje van tien jaar oud. Ze heeft zich aangemeld voor een toelatingsexamen aan het conservatorium. Ze is nerveus ondanks de aanwezigheid van haar moeder, er hangt veel van deze dag af. In de aula luistert de jury welwillend naar haar spel, het is technisch volmaakt. De voorzitter van de toelatingscommissie is een beroemde pianiste, arrogant en ijdel. Ze ontbeert de belangrijkste eigenschappen waarover een docente moet beschikken: geduld en inlevingsvermogen. Haar reputatie is dan ook niet gebaseerd op haar vaardigheden als lerares, maar als soliste en pianiste van een pianokwartet. Ze is ook nog mooi. Tijdens het eindeloos studeren van vingeroefeningen heeft Mélanie als einddoel steeds de loopbaan van deze vrouw voor ogen gehad.

Maar de grote pianiste is geen aardige vrouw. Ze is altijd en alleen met zichzelf bezig. Zelfs tijdens de voorspeelsessie staat ze een bewonderaar te woord die om een handtekening vraagt. Mélanie is erdoor afgeleid, ze speelt geen noot meer goed en heeft het idee dat met die handtekening een streep door haar toekomst is gezet. De leden van de examencommissie kijken elkaar als ze is uitgespeeld veelbetekenend aan. Volgende kandidaat. Het meisje besluit de piano nooit meer aan te raken. Thuis aangekomen bergt ze een plastic buste van Beethoven op in een doos.

Dit is de openingsscène uit de film *La tourneuse de pages* die verder verhaalt hoe het meisje jaren later genadeloos wraak neemt op de vrouw die haar droom om zeep bracht. Ze weet zich op te dringen als degene die de blaadjes omslaat tijdens optredens van de pianiste, die haar tegenstander niet herkent. Er ontstaat een welhaast erotische relatie tussen de twee vrouwen. De pianiste maakt zich volledig afhankelijk van de knappe jonge vrouw die nog regelmatig nachtmerries heeft van de voorspeelsessie uit haar jeugd. Tijdens een radio-opname van haar meesteres komt ze onverwacht niet opdagen. De pianiste is woedend, onthand en letterlijk van slag. Ze slaat bij een paar moeilijke passages op de verkeerde toetsen. De strijkers van het kwartet kijken elkaar veelbetekenend aan. Waarom gaat het nu juist op deze belangrijke dag mis? De wraak van het kind is volledig, dit keer is het de wereld van de beroemde pianiste die instort.

Plankenkoorts is invoelbaar voor iedereen die ooit in het openbaar een iets te lastig stuk speelde en het slachtoffer van concentratieverlies werd. Ik heb het één keer gedaan, niet alleen voor een microfoon, maar ook nog voor een camera en sindsdien word ik gechanteerd door vrienden die dreigen hun video-opname van mijn gestuntel ter beschikking te stellen aan een zendgemachtigde. Er zijn forse bedragen mee gemoeid.

Paniek op het podium overkomt niet alleen amateurs. De tovenaars Fritz Kreisler (viool) en Sergej Rachmaninov (piano) verzorgden aan het begin van de vorige eeuw een recital met technische hoogstandjes in de Carnegie Hall te New York. Er ging iets mis, er kwam een vreemd geluid uit de zaal. Aan hoesten was de violist wel gewend. Maar dit was iets anders, het leek op knisperen van papier en het hield niet op. Kreisler raakte geïrriteerd en wist niet hoe hij verder moest. Hij streek wat neutrale tonen op zijn instrument, zocht vergeefs naar steun in de partituur en vroeg sissend tussen de tanden: 'Sergej, waar zijn we in godsnaam?' Waarop Rachmaninov antwoordde: 'In de Carnegie Hall.' Het is een waar gebeurd verhaal dat in de loop der jaren hooguit iets aan scherpte heeft verloren.

Recenter is de verschrikkelijke ervaring van Maria João Pires met het Koninklijk Concertgebouworkest. De Portugese pianiste had een pianoconcert van Mozart ingestudeerd voor een uitvoering onder leiding van Riccardo Chailly. Op het moment dat het orkest tijdens een openbare repetitie pianoconcert KV 466 inzette begreep ze dat ze zich had vergist en een ander stuk van Mozart had geoefend. Verbijsterd keek Pires naar de dirigent. Wat moest ze doen? 'Je kan het,' fluisterde Chailly die dacht dat de pianiste zich slechts bekommerde om het te hoge tempo waarin het orkest speelde. Ze overwoog weg te lopen, maar dat zou het publiek niet begrijpen. Bovendien werd het concert geregistreerd door een camera die aanwezig was voor een documentaire over Chailly. Pires deed een beroep op haar geheugen en het wonder geschiedde: zonder fouten haalde ze de laatste maten van KV 466, het concert dat ze misschien wel een jaar niet had gespeeld. Het reddeloze gezicht van de pianiste tijdens de eerste seconden van dat concert is het gezicht van de nachtmerrie. Het gezicht van Mélanie toen ze besefte dat haar carrière mislukt was.

∽

38

De chrysanten van Puccini

Maandag was alles weer voorbij. Toen arriveerden de schoonmaakploegen in het immense ijsstadion in Turijn dat ruim twee weken het toneel was geweest van de Olympische Winterspelen. Technici sjouwden hun camera's naar de vrachtwagen van de NOS. Mart Smeets vocht op zijn hotelkamer tegen de deadline van een tiental columns over de charmante schaatster Marianne Timmer.

Zullen we ons na de indrukwekkende, feeërieke afsluiting van het festijn de opening nog herinneren? Hoe de 71-jarige Luciano Pavarotti in rokkostuum met zwart geverfd haar en witte vlinderdas zijn lijflied zong, de beroemde aria *Nessun Dorma* ('Niemand slaapt') uit de opera *Turandot* van Puccini? Pavarotti zong de meeslepende melodie zo zuiver dat we hem op playbacken dachten te betrappen. Het leek of hij zich niet richtte tot de ongeveer twee miljard televisiekijkers, maar tot die ene vrouw, Sophia Loren, die door de Italiaanse cameralieden voortdurend in beeld werd gebracht en tijdens de ouverture de belangrijkste gast leek te zijn.

Dat kunnen alleen grote popsterren, met het publiek spelen zoals Paverotti deed. Ze moeten het maken op het moment en ook Puccini wist dat hij het daarvan moest hebben. Als Mozart opera's componeerde schreef hij anders dan wanneer hem om een strijkkwartet werd gevraagd. Zijn opera-aria's werden door iedereen op straat gefloten. Mozart kon alles, Puccini niet. Hij klaagde over zijn tekortkomingen. 'Kon ik maar een symfonie schrijven,' verzuchtte hij, 'waarom heb ik altijd die poppetjes op het toneel nodig.' Het waren geen tekortkomingen, wel beperkingen. Zijn instrumentatie was feilloos, in zijn harmonieën pikte hij uit zijn tijd mee wat hij kon gebruiken. Debussy ging niet aan zijn oor voorbij en zeker in zijn drie kleine opera's *Il Trittico* toonde hij zich een volwaardige meester. Niets is ingewikkelder dan de genialiteit te analyseren van een aria als 'O mio bambino caro' uit *Madame Butterfly*: een eenvoudige muzikale lijn, een paar akkoorden, net de goede timing, inderdaad: the Beatles *avant la lettre*. Die konden zelfs geen noten schrijven.

Waar ligt toch die merkwaardige grens tussen lichte muziek en klassieke muziek, die onmiddellijk voor iedereen hoorbaar is? Ik denk in de 'beat'. Lichte muziek is altijd sterk ritmisch. Een goede drummer speelt strak. Een klassieke muzikant die zo speelt vinden we gevoelloos. De 'lichte' muzikant werkt met subtiele syncopen die hun effect danken aan de punctuele scherpte van de basis. In Puccini's tijd stond dit soort muziek nog in de kinderschoenen. Wellicht had hij anders de weg van Bernstein gevonden. Nu werd hij de afsluiter van een grote traditie die later zou overgaan in de musical die het grote publiek in de armen zou sluiten.

Giacomo Puccini (1858-1924) overleed aan keelkanker voordat hij in staat was zijn meesterwerk *Turandot* af te maken. Een andere componist nam de fakkel over op basis van een paar nagelaten schetsen. Maar tijdens de première, op 25 april 1926, stopte de dirigent, Arturo Toscanini, precies op de laatste maat die Puccini nog zelf had geschreven, een eerbetoon aan een godenzoon, de grootste operacomponist die Italië na Verdi heeft voortgebracht.

In Turijn, niet ver van de tijdelijke NOS-studio, ging in

1896 *La Bohème* in première, de opera over het arme kunstenaarsleven waarmee paradoxaal genoeg de zegetocht van Puccini door Europa begon. Hij schreef het ene succeswerk na het andere en werd er rijk en beroemd door. De kunstenaar genoot van alles wat bij zijn status hoorde: dure kleren, mooie vrouwen, snelle auto's en dubieuze jachtpartijen. Hij raakte zelfs betrokken bij een heus schandaal: zijn echtgenote Elvira bracht de jonge huishoudster tot zelfmoord omdat ze de vrouw er ten onrechte van beschuldigde haar man te hebben verleid. In die kwestie vervulde hij geen heldenrol. Door de schokkende gebeurtenis stokte de productie van Puccini, maar niet voor lang. Als hij een goed libretto las, hoorde hij de muziek al in zijn hoofd. Zwoegen was er niet bij, de aria's vloeiden gemakkelijk uit zijn pen.

Voor de dood van de hertog van Aosta schreef hij lieflijke treurmuziek doordrenkt van intense emotie, de *Crisantemi*. De titel verwijst naar de bloemen die elke herdenkingsdienst moeten opfleuren, chrysanten. Puccini componeerde het stuk voor strijkkwartet naar eigen zeggen in één nacht. Het opent met klanken van wanhoop die langzaam en via expressieve muziek wordt overgenomen door gevoelens van berusting. Puccini laat de strijkers zingen als de solisten in zijn opera's. Hij strooit met harmonische subtiliteiten als bloemblaadjes over het graf. Ik verwacht ieder moment een zwijgende reus bij de kist, de beroemde tenor met zijn witte vlinderdas. Als de violisten hun instrumenten hebben ingepakt schalt hij over het kerkhof: 'Niemand slaapt.'

39

Het mikpunt van een muzikale rel

H et zal wel met mijn katholieke jeugd te maken hebben dat ik de zondagochtend bij uitstek een geschikt moment vind om naar muziek te luisteren. De radio is daarbij een waardige vervanger van het kerkorgel. Het begint in bed wanneer de Vara het programma *Vroege Vogels* uitzendt. Dat gaat weliswaar over natuur en milieu, maar tussen een vrolijke tekst over de reuzenspin en een reportage over rietkragen in verdrukking klinkt sfeervolle muziek. Kleine kleurrijke schetsjes zijn het, die het verlangen oproepen naar warme croissants en sterke koffie. Onlangs hoorde ik de presentator een deel uit een fluitconcert van Johann Joachim Quantz aankondigen.

Waar was ik die naam ook al weer tegengekomen? Het was in *De klank als handschrift*, de biografie van Bernard Haitink door Jan Bank en Emile Wennekes. In het boek staat een gedetailleerde beschrijving van een historische confrontatie in het Amsterdamse Concertgebouw. Maandagavond 17 november 1969 maakte een aantal Nederlandse musici op hardhandige wijze duidelijk dat ze genoeg hadden van de ouderwetse programmering van het Concertgebouworkest. Ze vonden de repertoirekeuze 'kapitalistisch' en de eindeloos herhaalde klassieke toppers een 'gesubsidieerd cadeau voor de elite'.

Arme Quantz. Want op die avond in november, toen

Haitink de armen wilde heffen en fluitist Hubert Barwahser gespannen klaarstond voor zijn solopartij in het *Concerto in G majeur,* klonk vanuit de gangen van het Concertgebouw het helse kabaal van toeters, ratels en notenkrakers dat het verder spelen van het orkest onmogelijk maakte. Een groep muzikale provo's, onder wie Peter Schat, Reinbert de Leeuw, Louis Andriessen en Misja Mengelberg, die zich de geuzennaam 'de Notenkrakers' toe-eigenden, verstoorde opzettelijk het concert om aandacht te vragen voor de hedendaagse muziek die huns inziens in de Amsterdamse muziektempel te weinig werd gespeeld. De half weggedommelde bezoekers van het abonnementsconcert zagen tot hun ontzetting dat Haitink, gealarmeerd door het lawaai, zijn armen weer liet zakken en zich omdraaide naar de grote zaal. Het publiek voelde de triestheid die daaruit sprak. De rel bleek achteraf een muzikale oerknal waaruit ook veel moois ontsprong, niet in de laatste plaats de geboorte van het Schönberg Ensemble.

Quantz (1697-1773) verdient een beter lot dan te worden herinnerd als de postume verdachte in een proces tegen de vermeende bourgeoisopvattingen van een orkestbestuur. In zijn tijd was Quantz juist een vernieuwer die met één been in de Barok stond en met het andere in de *Sturm und Drang*-periode. Dankzij een aanstelling als fluitleraar en hofcomponist van Frederik de Grote, koning van Pruisen, werd hij de best betaalde musicus van zijn tijd. Quantz werd per stuk betaald en deze kapitalistische prikkel bleek een aanmoediging voor de productie van maar liefst driehonderd concerten voor fluit, allemaal van een behoorlijk niveau. Het *Concert in G groot* dat Barwahser op 'de avond van de Notenkrakers' zou spelen behoort tot het beste werk van Quantz. Het ontleent zijn charme aan een mengeling van Italiaanse en Franse stijlen, met citaten uit het werk van Vivaldi en Rameau, maar dan met meer verwijzingen naar de toekomst. De tragiek van de geschiedenis is dat deze muziek nu niet meer dan rustgevend vermaak voor het elitepubliek is, dat geldt zelfs voor veel van het werk van Beethoven. De Notenkrakers hadden, om een rel te maken, beter een zwak hedendaags werk kunnen verstoren dan als slachtoffer een componist uit te kiezen die in zijn eigen tijd juist vrij progressief was. Waarmee natuurlijk niet gezegd is dat muziek die het hedendaagse publiek onmiddellijk aanspreekt per definitie behoudend is. Er zijn genoeg voorbeelden die dit tegenspreken: Bartóks *Concert voor orkest*, Ravels pianoconcerten: moderne muziek die meteen aansprak. En dan zijn er natuurlijk nog veel meer voorbeelden van werken die terecht het publiek met weerzin vervulden omdat ze wezenlijke inhoud misten. Daarvoor geldt wat de componist Pierre Boulez opmerkte: 'De meeste nieuwe stukken worden maar twee keer gespeeld, de eerste en de laatste.' Die uitspraak kwam als antwoord op de vraag waarom hij niet meer zo veel schreef. Het lijkt de conclusie van een eerlijk en integer zelfonderzoek, maar het is heel wel mogelijk dat Boulez zijn schaarse tijd liever investeerde in een lucratieve directiecarrière dan in het ondankbare werk als componist van muziek met een moeilijk toegankelijk idioom. De Notenkrakers zijn inmiddels dood of gesetteld, Boulez is een beroemde dirigent. Worden zij allen, zoals Quantz, over een paar honderd jaar nog gespeeld? Interessant om over na te denken bij die gezellige muziek op zondagochtend.

40

Een kennismaking met de hel

Z ijn geniale kunstenaars per definitie gestoord? Een beetje gestoord kan geen kwaad. Zo zou iemand als Mendelssohn het best wat moeilijker gehad kunnen hebben. Dat zou de diepte van zijn muziek ten goede zijn gekomen. Vrolijke jongens zijn componisten in de regel niet. De stadsarchivaris van Leiden vertelt graag over de korte ontmoeting tussen Gustav Mahler en Sigmund Freud in augustus 1910, toen tijdens een wandeling door de Leidse Breestraat de huwelijkscrisis van Mahler werd doorgenomen. Aangekomen op het Rapenburg wist Freud precies waar het probleem lag; de componist leed aan een moedercomplex en zijn overspelige vrouw deed met een vadercomplex niet voor haar gefrustreerde man onder. Tsja.

Andere sombere lieden uit de muziekgeschiedenis: Arensky, gokverslaafd, Berlioz, manisch-depressief, Bruckner, een zenuwinzinking, Dowland, depressief, Elgar, apathie, Holst, schizofreen, Moesorgsky, Rossini, Schumann, Skrjabin, Tsjaikovsky, Wolf, zij allen werden bij tijd en wijle geteisterd door duivelse kwellingen met suïcidale trekjes. De vraag is natuurlijk in hoeverre deze opsomming ook van niet-kunstenaars in dezelfde mate kan worden gegeven, maar voor het romantische beeld houden we even vast aan de mythe dat persoonlijke moeilijkheden leiden tot grote artistieke prestaties.

Iedereen die weleens een foto van Sergej Rachmaninov (1873-1943) onder ogen heeft gehad, zal zich dat langwerpige gezicht herinneren waar de melancholie vanaf druipt. Zijn kennismaking met de hel vond plaats op 27 maart 1897 toen de première van zijn *Eerste Symfonie* in St. Petersburg op een catastrofe uitliep. Geen wonder, want de dirigent van het orkest (Glazounov) was tijdens de uitvoering dronken. Rachmaninov verliet halverwege de uitvoering ontgoocheld de zaal. In de meest gezaghebbende krant van St. Petersburg werd de compositie 'pervers en kwaadaardig' genoemd waarop Rachmaninov besloot zijn pen neer te leggen.

Misschien dat Tolstoj hem uit de put kan halen, dacht een vriend die hem bij de charismatische schrijver introduceerde. De bijeenkomst verliep aanvankelijk in een hartelijke sfeer. Rachmaninov verzorgde een betoverend pianorecital met de beste composities uit het romantische repertoire waaronder een paar van hemzelf. Helaas, na afloop liet Tolstoj zich ontvallen: 'Weet u, alle composities die na Beethoven zijn geschreven vind ik eigenlijk oninteressant.' Rachmaninov zocht voortaan troost in de wodka.

In wanhoop sleepten vrienden hem naar een hypnotiseur, Nikolai Dahl. De geheimzinnige ziener bracht Rachmaninov onder hypnose en voorspelde: 'U gaat weer een concert schrijven en het werk zal u gemakkelijk afgaan.' Drie maanden later ontstond het *Tweede Pianoconcert*, een toegankelijke compositie met meeslepende melodieën, meteen zijn gaafste werk dat de wereld zou veroveren en onverbrekelijk verbonden zou zijn met de film *Brief Encounter* waarvoor het thema als achtergrondmuziek zou dienen. De critici toonden zich enthousiast, Rachmaninovs naam als componist was definitief gevestigd.

Wat gebeurde er met de 'kwaadaardige' *Eerste Symfonie*?

Rachmaninov besloot de donkere bladzijde uit zijn loopbaan te vernietigen en de uitvoering ervan te verbieden, maar na zijn dood dook het gelukkig weer op. De symfonie was zijn tijd ver vooruit, het is een duizelingwekkend muzikaal avontuur met verrassende metrische vondsten en een handvol prachtige melodieën, gebaseerd op het Dies Irae-motief waarmee de componist over de sombere grondtoon van zijn leven geen misverstand liet bestaan. De afkeer van de critici van destijds is te begrijpen: Rachmaninov leverde commentaar op de gemakkelijke muziek van zijn populaire voorbeeld Tsjaikovsky en dat was in die tijd, althans in Rusland, vloeken in de concertzaal.

De vlucht van Rachmaninov uit Rusland werd ook een artistiek keerpunt. Zijn *Derde Symfonie*, in de vs geschreven, en de *Symfonische Dansen* nemen de draad met de *Eerste Symfonie* weer enigszins op. Gedurfder en wilder, maar nu moest hij opboksen tegen de nieuwe westerse ontwikkelingen en werd hij als hopeloos ouderwets beschouwd. Zo is het altijd wat. Veel van zijn somberheid had dan ook te maken met zijn miskenning als componist, hetgeen nog werd versterkt doordat zijn populariteit als pianist al zijn andere kwaliteiten overschaduwde, hij was nu eenmaal de grootste pianist aller tijden. Zijn belangrijkste revival als componist kwam lang na zijn dood. In de jaren vijftig en zestig van de twintigste eeuw, de periode van het meest rigide modernisme, was zijn werk bij de programmeurs van bijvoorbeeld het Concertgebouworkest nog vrijwel taboe. Maar daarna steeg zijn roem tot ongekende hoogte. Loop een conservatorium binnen en je hoort Rachmaninov spelen, zelfs Chopin moet even wijken. De verhoudingen zijn een beetje zoek. De toekomst zal de waarheid spreken, maar dat hij meer dan 'mister C sharp minor' (naar de beroemde prelude in Cis) zal blijken is wel zeker. Alle grote scheppende kunstenaars voeren een strijd tussen hun oprechtheid en de kortetermijnbevrediging van het succes. Van zulke conflicten kan een mens gestoord raken. Voor ons is het mooi meegenomen dat Freud even niet in de buurt was.

41

Een man voor
eenentwintig vrouwen

Een gevoelige kwestie: hebben vrouwen meer of minder aanleg voor muziek dan mannen? Aan de poorten van de Nederlandse conservatoria melden zich ieder jaar duizenden meisjes. De vrouwen zijn in opmars. Je ziet het ook in de orkesten, maar vrouwelijke dirigenten zijn op de vingers van één hand te tellen en muziek van vrouwelijke componisten lijkt bijna niet te bestaan. Wat is de oorzaak van deze scheefgroei? Een verklaring kan zijn dat mannen alleen voor de muziek kiezen als ze denken genoeg talent te hebben om de top te bereiken. Anders kiezen ze onder lichte dwang van hun bezorgde ouders voor een vak waarmee ze meer geld kunnen verdienen. Muziek wordt dan een leuke hobby. In goede amateur-ensembles spelen veel gepensioneerde artsen, advocaten en economen die na hun geslaagde loopbaan pas toekomen aan wat ze desondanks hun 'ware passie' noemen.

Over de genetische aspecten van de man-vrouw-kwestie in de muziek is het laatste woord niet gesproken. Waarschijnlijk bestaat er niet één specifiek gen dat de mate van muzikaliteit van een mens bepaalt, maar gaat het om een ingewikkelde combinatie van erfelijke eigenschappen die gelukkig per mens en dus per musicus verschilt. Hersenonderzoekers doen hun uiterste best iets te vinden dat verklaart waarom verhoudingsgewijs nog steeds weinig vrouwen een succesvol dirigent of componist worden. Achterstelling? Tot in de romantiek (Clara Schumann!) was het in de gegoede kringen nog zeer gebruikelijk dat vrouwen componeerden. Ze hadden op dat punt zeker dezelfde kansen als mannen. Niet veel later, bij Mahler, was het inmiddels vanzelfsprekend dat het niet geringe talent van zijn vrouw moest wijken voor zijn genialiteit.

Dat in topsport vrouwen zich de mindere van mannen moeten erkennen is geen taboe. Mannen zijn gemiddeld langer en sterker, dus die ongelijkheid ligt voor de hand. Er is sprake van een natuurlijk verschil. Op het punt van de hersenen is de zaak gecompliceerder, want minder zichtbaar. Het zou kunnen dat mannen die vroeger de beer moesten schieten, geleidelijk genetisch meer strategische vaardigheden ontwikkelden die niet zomaar door een emancipatieontwikkeling kan worden ingehaald. En het is juist dat complexe strategische vermogen dat de basis is van componeren en dirigeren. De wetenschap is er niet uit en moet bovendien laveren tussen vooroordelen en taboes.

Intussen is het niet zo dat muzikale vrouwen geen noten op papier zetten. Alleen, hun werk blijft op de plank liggen en ze blijven in de anonimiteit. Vraag een muziekliefhebber naar de naam van een vrouwelijke componist en hij/ zij zal niet veel verder komen dan Fanny Mendelssohn (de zus van) en Alma Mahler. Toch zijn er ruim tienduizend vrouwelijke componisten. Het gaat om een gemarginaliseerde groep die deel uitmaakt van het geheel aan cultureel erfgoed, 'met amper een voetnoot in de muziekgeschiedenis', zoals de stichting Raduga bitter vaststelt. Raduga wil korte metten maken met deze discriminatie. Bijna veertig procent van alle levende componisten is vrouw, maar toch wordt hun muziek zelden geprogrammeerd. Van de in totaal bijna tweeduizend uur klassieke muziek die wij per week via allerlei zenders in Nederland kunnen ontvangen wordt nog geen kwart procent gewijd aan het werk van vrouwelijke componisten. Discriminatie of doodzwijgen? Daarbij is de vraag naar de kwaliteit niet buiten beschouwing te laten. De programmeurs van de zenders zullen zich niet aangesproken voelen als ze ervan worden beschuldigd de vrouwen met opzet achter te stellen. Wel mag je verwachten dat ze meehelpen de achterstand in te halen.

Zo werd tien jaar geleden het Raduga Ensemble opgericht. Het bestaat uit eenentwintig professionele musici van het vrouwelijk geslacht, maar belangrijker is dat het repertoire dat ze spelen hoofdzakelijk bestaat uit muziek die door vrouwelijke componisten is geschreven. Op de in eigen beheer opgenomen cd *Raduga* staat onder meer een heerlijk, energiek en elegant werk van de Russische Zhanneta Metallidi (1934) dat in de verte aan *De vier jaargetijden* van Vivaldi doet denken. De moderne variaties voor strijkorkest heten *St. Petersburgian Baroque* en het is alsof we de fraai gerestaureerde stad zien ontwaken in het vroege voorjaarslicht.

Wie zonder voorkennis naar de cd luistert zal het niet opvallen dat de muziek door vrouwen is geschreven. En wie de foto van de hoes niet heeft gezien, weet ook niet dat alle strijkers vrouwen zijn. Pijnlijk detail: de dirigent van het 'all women string orchestra' is een man, Jeroen Weierink, even geleend van Camerata Amsterdam. Er was ten tijde van de opname in heel Nederland geen vrouwelijke dirigent te vinden van professioneel niveau.

42

Het lijden van een jarige componist

Op mijn verjaardag werd ik in alle vroegte wakker gebeld door een presentator van een commercieel radiostation die me 'live' in de uitzending wilde feliciteren. De diskjockey heeft er plezier in bekende Nederlanders ongevraagd te bestoken met indiscrete vragen die zich vooral op het terrein van de seksualiteit bevinden. Wie de telefoon opneemt en één vraag beantwoordt is vervolgens minutenlang het onderwerp van grove spot. Het vraaggesprek duurde tien seconden. Cliff Richard bleek ook jarig. 'Ik draag zijn liedje *The Young Ones* aan u op,' pestte de diskjockey, met een verwijzing naar mijn gevorderde leeftijd. Even later luisterde ik naar de klassieke muziekzender. Leonard Bernstein was die dag vijftien jaar dood. De componist/dirigent had een groot deel van zijn leven gerookt en overleed aan longkanker, vertelde de presentator. In tegenstelling tot de diskjockey vermeed hij toespelingen op de seksuele voorkeur van de musicus. Daarna klonk de suite uit de *West Side Story*.

Geboorte- en sterfdata van musici zijn dankbare gegevens voor een rubriek in een radioprogramma. Het is een alibi om iets over het leven van de componist te vertellen en een paar cd's uit het archief van de omroep te halen waarmee de muziek van de beroemde dode een week, een maand of een jaar aan de vergetelheid kan worden ontrukt.

Zo kan het alleen ruimtereizigers zijn ontgaan dat Dmitri Sjostakovitsj in 2006 honderd jaar geleden werd geboren. Over de hele wereld werd dat jaar zijn werk uitgevoerd. Daar is ongelooflijk veel mooie muziek bij, symfonieën, strijkkwartetten, maar ook zeer veel wat de componist zelf in ieder geval nauwelijks de moeite waard vond. Voor zijn *Tweede pianoconcert*, echt een leuk stuk, had hij bijvoorbeeld geen goed woord over. Veel van zijn filmmuziek en andere gebruiksmuziek schreef hij om den brode of om het Sovjetregiem niet voor het hoofd te stoten. Zijn hele leven werd een worsteling tussen integriteit en corruptie. Inmiddels is hij een gevierd componist. Dirigenten zijn gek op zijn muziek en daarmee is hij een van de weinige twintigste-eeuwse componisten die een dergelijke populariteit verworven hebben. De platenindustrie heeft zich erop geworpen en dan ontstaat er een sneeuwbaleffect waardoor de verhoudingen weleens scheef worden getrokken. Waar blijft een man als Hindemith nog, wat horen we hier nog van de symfonieën van Sibelius of van Karl Nielsen? Kruidvat, zet hem op!

Sjostakovitsj stierf in Moskou, in augustus 1975. Het duurde drie dagen voordat de *Pravda* zijn overlijden in de krant mocht opnemen in afwachting van de goedkeuring van het communistische politburo. De componist stond onder politieke curatele. Net als Bernstein stierf hij aan de gevolgen van een longtumor. Hij heeft in de laatste maanden veel pijn geleden. Pijn die is te horen en te voelen in het *Preludium in Memory of Dmitri Shostakovich* van zijn bewonderaar Alfred Schnittke. In de prelude verklankt Schnittke het gevecht van Sjostakovitsj tegen de aangekondigde dood. Twee violen strijden in het beklemmende klaaglied tegen de helse pijnen die het verzwakte lichaam teisteren. Schnittke bepaalde dat een van de twee violisten tijdens de uitvoering uit het zicht van de toeschouwers moet blijven. De violist speelt achter het podium of in de gang als de echo van een levenloze toekomst. De sfeer van het toch al heftige muziekstuk wordt daardoor extra beklemmend. Je hoopt steeds op een harmonisch einde, op vrede voor de stervende, maar zover komt het niet. Eén noot komt in de compositie van amper vijf minuten steeds in hetzelfde tempo terug, het is de tred van de naderende dood die geen genade kent, het is de dreigende D-noot die de stervende herkent als de klop op de deur van de geheime politie.

Schnittke (1934-1998), half Rus, half Duitser, was een polystilist, zei: 'Ik heb geen taal, ik heb geen vaste plaats', en dat gold ook voor zijn muziek waarin hij verschillende stijlen tegenover elkaar zet. Soms klinkt zijn werk als de reïncarnatie van Bach en Vivaldi, dan weer als de nalatenschap van Ives en Stravinsky. Altijd is er de sensatie van het onverwachte.

Hij was een gekwelde man, net zoals Sjostakovitsj, en ook zijn sterven kwam na een zeer lange periode van pijn en verdriet. Ook het werk van Schnittke is zeer wisselend van niveau. Zijn succes was korte tijd vrij groot, de laatste tijd hoor je hem weer wat minder, maar er komt heus wel weer een herdenkingsjaar aan. Moeten we per se tot dat jaar wachten om naar zijn werk te luisteren?

∞

43

Een melodische ansichtkaart
uit Wenen

Als iemand met een stalen gezicht beweert dat ruimte in wezen hetzelfde is als tijd, begint het me te duizelen. De kwantummechanica? Van hetzelfde laken een pak. Zwarte gaten? Liever niet over beginnen. Ik heb op school meer dan voldoende tijd doorgebracht in de klas van de natuurkundeleraar. Maar blijkbaar heeft mijn brein weinig affiniteit met het abstracte. Eenzelfde gevoel van machteloosheid bevangt me bij het luisteren naar atonale muziek. De klanken slaan niet aan. Ik schaam me een beetje voor mijn muzikale oppervlakkigheid.

Arnold Schönberg (1874-1951) heeft het belangrijkste deel van zijn leven muziek geschreven die in de oren van de ongeoefende luisteraar bizar klinkt. Onnavolgbare harmonieën, half afgebroken melodieën, grote intervallen, verwarrende ritmische patronen, nergens geeft hij de luisteraar houvast. We worden meegevoerd naar een wereld waarin we ons niet veilig voelen. Daar bevinden we ons overigens in goed gezelschap. Zelfs Gustav Mahler moest bekennen de muziek van zijn jonge vriend Schönberg niet te kunnen volgen. Maar hij sprak ruimhartig: 'Ik ben oud en u bent jong, dus u heeft gelijk.' Tegen het concertpubliek dat hoorbaar zijn afkeur liet blijken tijdens de première van weer zo'n 'moeilijk' stuk riep Mahler luid: 'U heeft niet te sissen.' Het hielp niet. 'Het schandaal hield nooit meer op,' constateerde Schönberg aan het einde van zijn leven bitter.

'Ontaarde muziek', zouden de criminele keurmeesters van het nazi-regime zijn werk noemen. Uit protest tegen Hitler schrapte Schönberg de umlaut uit zijn naam en droeg zijn laatste werken op aan de staat Israël. De Joodse Oostenrijker die de superioriteit van de Duitse muziek veilig had willen stellen door haar te vernieuwen, vluchtte voor de reactionaire fascisten naar de Verenigde Staten waar hij tot op hoge leeftijd les moest geven om te kunnen leven.

Waarom kan de gemiddelde muziekliefhebber zo moeilijk atonale muziek verdragen? Schönberg ontwierp een nieuw systeem waarin tussen de twaalf noten geen onderlinge rangorde meer bestond. Knap bedacht, maar het levert een kale en ruwe taal op. Bovendien: de componist drukte er wanhoop, angst en agressie mee uit. Geen emoties om fijn bij weg te dromen en dat is nu juist waar wij, verwende luilakken, muziek graag voor gebruiken. Balsem voor de onrustige ziel.

Voor hij de weg van de atonaliteit insloeg, schreef Schönberg een aantal jaren begrijpelijke, melodische en ronduit schitterende muziek. Daar zijn composities bij die tot de pijlers van mijn discotheek behoren, evenals de *Brandenburgse concerten* van Bach, de *Gran Partita* van Mozart en de liederen van Fauré. Luister naar Schönberg voor beginners; het *Strijkkwartet in D*, dat niet onderdoet voor de kamermuziek van Brahms. Een melodische ansichtkaart uit Wenen uit de tijd dat de stad nog niet werd geterroriseerd door duistere krachten. In die vruchtbare periode ontstond ook *Verklärte Nacht*, het wonderschone strijksextet over de liefde naar een gedicht van Richard Dehmel. Twee geliefden wandelen door het bos, je hoort de stappen in het begin, de maan klinkt erboven in zilveren flagioletti waarbij alleen de boventonen van de strijkers worden gebruikt. De vrouw is zwanger van een ander (haar echtgenoot?), toch zal het hun kind zijn. Hun liefde moet haar vrucht sublimeren. 'Verklärung' is een mysterieus begrip. Een transfiguratie, een metamorfose. De symboliek gaat terug tot de Oudheid. Zo liet de Romeinse dichter Ovidius de ijdele Narcissus, die zijn schoonheid spiegelde in het water, veranderen in een plant. De narcist werd narcis. In de Laat-Romantiek, waar men zich wilde losmaken van het christelijk geloof, raakten natuurreligie en aanverwante geestelijke culturen erg in. Strauss met *Tod und Verklärung*, het blijven allemaal pogingen tot 'er moet toch meer zijn', het willen geloven moet realiteit worden. Daar gaat ook Schönbergs meesterwerk over. Als de geliefden maar genoeg dachten dat het hun kind zou zijn, dan werd het dat ook. Was Schönberg er zeker van dat zijn geesteskind, het twaalftoonssysteem, waar hij zo trots op was, werkelijk zijn eigen bloed was, of wilde hij dat maar? Zijn drama is dat hij daaraan vermoedelijk zijn hele leven bleef twijfelen. 'Harmonie, Harmonie!' schijnt hij op zijn sterfbed te hebben geroepen. Die was in zijn *Verklärte Nacht* in ieder geval nog ruimschoots te beluisteren.

De ijle strijkers houden je van begin tot eind gevangen. In de nevel klinkt de echo van Wagner. Wie zich laat meeslepen door deze muziek, krijgt het gevoel dat ruimte en tijd in elkaar overgaan.

44

Over schoenmakers en hun leest

Anne Sofie von Otter heeft liedjes van Abba opgenomen. Dat soort muzikale uitstapjes wil ze vaker gaan maken. Mijn advies: niet doen! Hetzelfde geldt voor sir Paul McCartney. Hij heeft een klassiek oratorium geschreven, *Ecce Cor Meum* ('Ziet mijn hart'). Maar liefst acht jaar heeft hij eraan gewerkt. Zelfs als je wordt afgeleid door echtscheidingsperikelen is dat best lang. De Latijnse titel van het stuk moet bewijzen dat Paul niet meer van de straat is. Jammer, want juist in de straten van Liverpool schreef hij zijn beste songs, terwijl dit stuk voor koor en orkest bestaat uit maar liefst vijfenzeventig minuten oninteressante herhalingen van een niet zo sterke melodie, ondersteund door voorspelbare harmonieën. En dan zijn er nog heel wat goed opgeleide componisten aan te pas gekomen om van de brei noten die Paul op de computer heeft ingespeeld iets coherents te maken. McCartney wil nu ook een concert voor gitaar en orkest gaan schrijven. Mijn advies luidt ook nu: niet doen!

Waarom begeven musici zich op een speelveld waar andere vaardigheden worden vereist dan die waarover zij beschikken? In Nederland waagt de zanger, dichter, schrijver en musicus Jan Rot zich op het spekgladde terrein van de bewerkingen. Uit liefde voor de muziek, dat wel. Maar wat te denken van een cd *Alle 13 Schubert*, een opname met 'speelse' bewerkingen? Ook stortte Jan zich op de liederencycli van Schumann (*Dichtersliefde*) en Schubert (*Winterreis* en *Zomerreis*) om ten slotte te grijpen naar het libretto en dus de partituur van de *Matthäuspassion* van Johann Sebastian Bach. Nogmaals: uit liefde voor de muziek. Maar willen wij in het schitterende openingskoor horen 'Kommt, ihr Töchter, helft mir Klagen.' Of: 'Hoor van verre jammerklagen. Jezus! – Wie? – Je medemens!/ Jezus! – Waar? – Ze slaan hem lens!'

Je mag Bach best een beetje helpen, vindt de voormalige popmusicus Rot die van zijn Matthäusbewerking veel cd's heeft verkocht, en dat is hem gegund. Hij vindt zijn werk geen vertaling maar een 'hertaling', omdat hij hier en daar ver van het origineel afwijkt. En dat is precies waar het misgaat. Zijn we een purist als we verzuchten: schoenmaker blijf bij je leest? En kunnen we daarom het Fonds van de Podiumkunsten wel volgen als het weigert een hertaling van de *Zauberflöte* te subsidiëren?

Waarom zou Rot trouwens zijn creativiteit niet richten op zijn eigen terrein: de popmuziek? Is dat omdat, zoals Sting beweert, er op het terrein van de popmuziek niets nieuws meer wordt bedacht? Als voorman van de Engelse groep The Police was hij ooit een wilde jongen, maar sinds hij een solocarrière is begonnen druipt de braafheid van zijn liedjes af. De teksten zijn vaak ook nog politiek correct, iets over regenwouden en mensenrechten. Succes verzekerd, zijn albums gaan als warme broodjes over de toonbank. De eerlijkheid gebiedt me te zeggen dat ik er niet lang geleden ook een heb gekocht, *Sacred Love*. Daarop zingt hij een duet met de begenadigde Amerikaanse zangeres Mary J. Blige, 'Whenever I say your name' heet het en dat is dan ineens weer zo'n verschrikkelijk mooi liedje dat ik met een grote zonnebril op de neus en de kraag van de jas omhoog een cd-winkel in ging om het album aan te schaffen. De winkelier herkende mij: 'Het is geen Bach, hoor,' zei hij. Daar had hij, naar later bleek, gedeeltelijk ongelijk in. Want Sting heeft de song gebouwd op de harmonie van Bachs Prelude in C uit het *Clavier-Büchlein* voor zijn oudste zoon Wilhelm Friedemann (BWV 924).

Deze wijsheid haal ik uit een van de vele interviews die Sting heeft gegeven bij de presentatie van zijn nieuwe cd met aria's van de Engelse componist John Dowland, *Songs from the Labyrinth*. Dowland (1563-1626) schreef al popmuziek in de zeventiende eeuw, dus Stings belangstelling voor zijn liedjes is begrijpelijk. Het popidool heeft zich er niet gemakkelijk van afgemaakt, flink gestudeerd, de juiste begeleider gevonden in de luitspeler Edin Karamazov, en geen eigentijdse fratsen aan Dowlands noten toegevoegd. Hij zegt dat het gewoon niet nodig was: 'Voor mij zijn het popsongs geschreven in de stijl van de zeventiende eeuw en zo stel ik me ook op tegenover de muziek: ze is samengesteld uit prachtige melodieën, fantastische teksten en briljante begeleidingen. Mijn rol bestaat eruit ze wat op te frissen.' En toch: de liederen klinken, gezongen door een klassieke stem, bijvoorbeeld die van Emma Kirkby, juist een stuk frisser en gevarieerder. Door zijn schraperige stemgeluid lijkt het of Sting alle liederen dezelfde emotionele lading meegeeft, een effect dat paradoxaal genoeg door de fraaie opnametechniek wordt versterkt. Als het album goed verkoopt, overweegt Sting zich op het werk van Purcell te storten.

Mijn advies: niet doen!

45

De zaak Schubert

O ntkennen is zinloos. Ik heb haat gezaaid en oprui-
ende teksten verspreid. Vergeefs heb ik een beroep
gedaan op de vrijheid van meningsuiting en het
betwistbare karakter van ieders smaak. Ik ben veroordeeld
en mijn adviseurs raden me ten sterkste af om in hoger
beroep te gaan, omdat de kwestie dan weer oplaait en
in een zwaardere straf kan resulteren. De wet die ik heb
overtreden luidt: men zal geen kwaad spreken over Franz
Schubert.

Ik was nota bene een gewaarschuwd man. De cellist
Anner Bijlsma had al eens gezegd dat 'iedereen die van
muziek houdt Schubert in zijn hart draagt'. Houd ik niet
van muziek? In een televisiegesprek heb ik me laten ontvallen dat ik de volkslyriek in de liederen van Schubert niet zo
subtiel vindt, zijn meeste symfonieën saai, sommige pianostukken voorspelbaar en vooral te lang uitgesponnen.
Wegens tijdgebrek kwam mijn huiver voor de sentimentaliteit van het *Rosamunde*-thema niet aan de orde om over
de maagproblemen bij het horen van het *Ave Maria* maar te
zwijgen. Wel voegde ik eraantoe dat ik zijn kamermuziek
schitterend vind.

Blijkbaar had die laatste kanttekening niet het beoogde
effect, want daags na mijn optreden was de smaakpolitie
er als de kippen bij om actie te ondernemen. Bij de omroep

kwamen bedreigingen binnen en er werden excuses geëist. Een enkele kijker reageerde enthousiast: goed dat het eens werd gezegd. Heiligenverering is iets voor de kerk, niet voor een kritische luisteraar. Let wel: dit zijn niet mijn woorden, ik kijk voortaan wel uit.

Franz Schubert (1797-1828), de dromerige hulponderwijzer uit Wenen, is natuurlijk geen onbelangrijke componist, al was het maar omdat hij in zijn korte leven een onwaarschijnlijk omvangrijk oeuvre heeft geschreven. Negen symfonieën, waarvan de bekendste de achtste, *De onvoltooide*, en de negende, de *grote* in C, meer dan zeshonderd liederen, vijftien strijkkwartetten en talloze werken voor piano. Die kunnen niet allemaal van hetzelfde niveau zijn. Veel werk kennen we niet eens omdat het zelden wordt uitgevoerd. De opera's bijvoorbeeld of *Singspiele* zoals Schubert ze noemde, zijn uitgesproken zwak.

Geen zinnig mens zal ontkennen dat de componist van het kwartet *Der Tod und das Mädchen* geniale muziek heeft geschreven. Op minstens één terrein was de romanticus zelfs een vernieuwer. Hij gaf de strijkers in de pianotrio's de stem die ze verdienden. Tot die tijd deden de viool en cello maar een beetje voor spek en bonen mee. Trio's waren pianosonates met wat ondersteuning. Maar dankzij Beethoven en vooral Schubert kregen alle instrumenten een gelijkwaardige status.

Het fraaist komt dit tot uitdrukking in het *Pianotrio in Bes groot* (D898). Het lijkt alsof Schubert een onderlinge competitie heeft uitgeschreven: welk instrument geeft de melodieën de meeste zeggingskracht mee? Nergens in dit half uur onafgebroken genot krijgt de piano de kans om de klank te domineren. De finale schenkt ons de meest schilderachtige muziek die de romantiek heeft voortgebracht. Het meesterschap van Schubert klinkt in elke maat door, alle gevoelsstemmingen die de mens kent zijn erin terug te vinden.

Zijn grote kracht en vernieuwende betekenis schuilt vooral in de ontluikende romantiek. De typische 'Moll-Dur-Harmonik'. Het claire obscure van Rembrandt, het contrast tussen licht en donker waarbij het majeur zijn werking krijgt door de mineurklank. Het gaat om het zoeken in plaats van het vinden. Schubert gebruikt de versluierde tonaliteit en stelt het mineur (de nacht, de droom) tegenover de harde werkelijkheid van het majeur en de dood als doel en apotheose van het leven. Als kind, voor wie de dood niet bestaat, kon ik noch bij Mozart, noch bij Schubert dit soort nuances bevatten. Op latere leeftijd ervaar ik pas de diepgang van een man die op zijn eenendertigste stierf en die toen al alles had doorgemaakt zonder dat hij ooit hoogtepunten of dieptepunten in zijn leven had gekend, geen kinderen had gehad en beschikte over een bescheiden gevoel voor religiositeit.

Natuurlijk was hij in de eerste plaats liederencomponist, waardoor je vaak het idee hebt, bij zijn grotere werken, dat hij zijn kruid al verschoten heeft met een prachtige melodie in het begin (de onvoltooide symfonie, pianosonate in Bes) en dat het verder uitzitten is tot die melodie weer terugkomt, in tegenstelling tot een man als Beethoven die vanuit de chaos met veel strijd de zaak laat opbloeien. Maar die kon weer niet van die prachtige liederen schrijven.

46

Het kleurenorgel van een halfgod

S chrale troost bij de start van ieder nieuw schooljaar: de aanschaf op kosten van mijn ouders van een metalen doos met kleurpotloden van Zwitserse makelij. De tekenleraar had het bezit van dit gereedschap verplicht gesteld. De zeshoekige potloden die in de doos keurig in het gelid lagen tegen het decor van een Alpenlandschap brachten een extra handicap naar voren in mijn toch al twijfelachtig want te zware lichaam: de zintuigen liepen door elkaar. Als ik op het schetspapier de kleuren mengde, hoorde ik klanken, muziek, herinneringen aan lieflijke menuetten of, bij een andere kleurencombinatie, de zware akkoorden van een symfonie van Mahler. De kleur van glanzend donker hout verwees naar Bach, combinaties van blauw en groen naar Debussy of Ravel.

Later hoorde ik dat de afwijking bij een op de twintig mensen voorkomt en een naam heeft: synesthesie. Het vermogen die waarnemingen van het ene zintuig te vertalen in die van een ander. Neurologen beweren dat het iets te maken heeft met afwijkende verbanden tussen de rechter en de linker hersenhelft, maar willen niet spreken van een stoornis. Integendeel, sommige wetenschappers zien het als een gave.

De Russische componist Alexander Skrjabin bijvoorbeeld heeft de tweede helft van zijn korte leven gewijd aan allerhande vage theorieën die uit synesthesie voortkwamen. Hij zag tekenen dat de mensheid aan de vooravond stond van een grote kosmische omwenteling en was een god in het diepst van zijn gedachten wiens almacht kon concurreren met die van het opperwezen. De achtergrond van zijn megalomanie moet worden gezocht in zijn jeugd. Hij werd geboren in een aristocratisch milieu in Moskou. Zijn vader was diplomaat, zijn moeder heeft hij niet gekend, ze stierf een jaar na zijn geboorte. Alexander werd opgevoed en verwend door zijn oma en tante Ljoebov die hem de liefde voor de muziek en meer in het bijzonder de piano bijbracht. Zijn geringe lichaamslengte leverde een handicap op. Voor het spelen van virtuoze stukken moest hij een beroep doen op technische vaardigheden die hij slechts door bovenmenselijke inspanning onder de knie kreeg. Maar het uitvoeren van muziek zag hij als een middel van bestaan, niet als een opdracht. Hij zou de opvolger van Chopin worden, zijn voorbeeld niet alleen als pianist, maar ook als componist. Dat leverde in zijn jeugd charmante, lieflijke composities op, een lust voor het oor. Skrjabin, die zichzelf als centrum van het universum beschouwde, toonde interesse in theosofie en mystiek en besloot de vage spirituele gevoelens die bij hem werden opgeroepen om te zetten in muziek. Dit leidde tot een in alle opzichten fantastische compositie, *Prométhée*, een symfonisch gedicht over de Griekse halfgod die mensen schiep naar zijn eigen gelijkenis en vuur stal van andere goden om zijn schepselen leven in te blazen. Het moet volgens de partituur worden uitgevoerd door een orkest en een kleurenorgel, een toonbeeldklavier waarbij de toetsen een lichtspel aansturen.

Skrjabin (1872-1915) leefde van zijn optreden als meesterpianist. Hij gaf over de hele wereld luid toegejuichte recitals met werken van Chopin, Bach, Liszt en andere grote klassieken. Maar in het hoofd van dat ambitieuze mannetje spookte het plan voor een totaal kunstwerk dat hem ver voorbij Wagner moest brengen: *Mysterium*. Een compositie die de toeschouwers zou transformeren tot bovenmenselijke wezens. Daarvoor moesten ze wel zeven dagen achtereen luisteren, dansen en zingen, hij vond dat een aanvaardbare investering in het licht van de eeuwigheid. Skrjabin had voor de uitvoering een stuk grond gekocht aan de voet van de Himalaya. Zijn vroege dood als gevolg van een verkeerd behandelde puist op de bovenlip stond de realisering van dit megalomane project in de weg. Zo gaat dat met zelfbenoemde halfgoden.

Prométhée is een heerlijk net niet atonaal stuk, maar het eist volledige inzet van de zintuigen van de niet geoefende luisteraar. Er zijn weliswaar verwijzingen naar Wagner, Franck en Liszt, maar die bieden voor de beginnende Skrjabin-luisteraar te weinig houvast om het megawerk te doorgronden. In zekere zin is het ook een beetje uit de tijd, net als de ideeen van Skrjabin voor een deel door de natuurwetenschap en vooral door de muziekwetenschap zijn weerlegd. Grote ideeën laten zich nu eenmaal niet een-op-een omzetten in muziek anders dan in de oren van degene die de noten heeft opgeschreven. Wie geen last heeft van synesthesie en megalomanie kan beter beginnen met de aanschaf van Skrjabins sprankelende piano-etudes die het midden houden tussen het werk van Chopin en Rachmaninov.

∞

47

Samen spelen

De eenzaamheid van Bomans – Ik zit mij voor het vensterglas/onnoemelijk te vervelen/ik wou dat ik twee hondjes was/ dan kon ik samen spelen – wordt misschien slechts overtroffen door die van de man die een advertentie plaatste: strijkkwartet zoekt tweede viool, altviool en cello. Het kan natuurlijk nog erger, wanneer je op deze manier een strijkkwintet moet samenstellen, dan moet er namelijk nog een altviool bij, zoals in Mozarts topkwintet in G mineur, of zoals bij het fameuze kwintet van Schubert een extra cello. In beide gevallen ontstaat er een diepe klank die Ludwig Spohr (1784-1859) moet hebben bekoord. Hij experimenteerde graag met bezettingen, zo schreef hij een *Concert voor strijkkwartet en orkest* en een dubbel strijkkwartet dat Mendelssohn op 16-jarige leeftijd heeft geïnspireerd tot een octet dat een van zijn beste werken werd en onze eigen Van Bree die met zijn *Allegro voor vier strijkkwartetten* een van de weinige Nederlandse negentiende-eeuwse stukken componeerde die thans nog regelmatig het podium halen. Spohr was vooral een rasmuzikant. Begonnen als vioolwonderkind ontwikkelde hij zich al spoedig tot een van de eerste echte dirigenten en werd daar oud mee, wat voor dirigenten nogal gebruikelijk is. En hij introduceerde de stok, een niet te onderschatten verdienste.

Een dirigent zonder stok is als een biljarter zonder keu: machteloos. Elke dirigent kiest zijn eigen stok. Sommigen zijn eraan gehecht als betrof het hun automobiel, anderen nemen voor ieder concert een nieuwe stok. De balans is van belang. Als de stok zwaarder is dan het handvat zwiept hij bij een onstuimig fortissimo los van zijn eigenaar waardoor het concert onbedoeld kan uitlopen op een variant van de balpenmoord.

De dirigeerstok moet passen bij de persoonlijkheid van de dirigent. Geen lullig stokje in de handen van een grote Rus, ook geen wandelstok voor een kleine Italiaanse maestro. De gemiddelde lengte is dertig centimeter. Een heel lange stok is niet zonder gevaar. De Frans-Italiaanse componist Jean-Baptiste Lully (1632-1687) stampte tijdens het repeteren van zijn *Te Deum* zo driftig met de puntige stok op de grond dat hij dwars door zijn voet prikte. Er ontstond een infectie, die uitmondde in een slepende ziekte waaraan hij uiteindelijk overleed.

De betere stokken zijn vervaardigd van rubber of van een speciaal soort plastic, het handvat is in de regel van kurk om het zweet op te vangen. Een goede stok is natuurlijk handgemaakt, een dirigent die zich kapot ergert aan een orkest vol fabrieksviolen mag niet zelf de maat slaan met een goedkoop fabrieksstokje.

Kan dirigeren ook zonder stok? In principe wel. Voor de negentiende eeuw was het de orkestmeester die af en toe met zijn strijkstok aangaf hoe snel zijn collega's mochten spelen. Niet voor niets speelde hij de eerste viool. Maar het kleine ensemble werd een kamerorkest, het kamerorkest werd een volwassen symfonieorkest en daarmee ontstond de behoefte aan een *non playing captain*. Met een stok. Spohr was de eerste die er consequent mee werkte. De grote traditie aan orkestdirigenten werd ergens ingezet door Rameau en zette zich voort via maestro Di Capello, veelal dirigerend vanaf zijn clavecimbel of als primarius van zijn groep, zoals André Rieu, tot de nog steeds in narcisme badende lessenaarvirtuozen die betaald als popsterren door het leven gaan. Zo ontstond er een hele cultuur rond de dirigeerstok.

Louis Spohr was als componist zeker geen vernieuwer, maar keek eerder met een zekere melancholie terug naar het classicisme van Mozart, het soort heimwee dat debet is aan de enigszins softe indruk die zijn zesendertig strijkkwartetten nog maken. De specifieke klank van het strijkkwartet tilde hem hier en daar op wat hoger niveau.

De laatste zijn somber van toon, mede door veel verlies in zijn persoonlijke leven. Hij trouwde met de dochter van een koorzanger aan het hof van Gotha, de 18-jarige harpiste Dorette Scheidler, op wie hij reeds tijdens de eerste ontmoeting verliefd werd en die hij kort daarna ten huwelijk vroeg. Zij traden als duo met veel succes op, maakten een prachtige tournee door Italië en in Parijs. Overal waar zij kwamen raakte het publiek in de ban van de aparte klank die ze aan de ongewone combinatie van harp en viool wisten te ontlokken. Dorette besloot haar muzikale carrière korte tijd te onderbreken voor het opvoeden van de kinderen, maar een terugkeer naar het podium was haar niet gegeven: ze stierf in 1834. Hoewel Louis later opnieuw trouwde is hij deze klap nooit helemaal te boven gekomen.

Nu kon hij niet meer samen spelen.

48

De vergeten melodie
van Stravinsky

Aangemoedigd door het klaterend applaus boog de wereldberoemde dirigent minzaam voor het enthousiaste publiek in de grote zaal van het Lincoln Centre in New York. Voor Lorin Maazel is dit het steeds terugkerende moment van de vanzelfsprekende triomf. Vanaf de vierde rij in de zaal herkende ik de musicus ineens aan de arrogante blik die over zijn gezicht gleed. Een paar jaar eerder zag ik diezelfde tronie toen hij de Wiener Philharmoniker leidde in het traditionele Nieuwjaarsconcert, de rechtstreeks op televisie uitgezonden Oostenrijkse treurnis in driekwartsmaat die bij mij steevast de weeë geur oproept van lauwe chocolademelk en verouderde appelflappen.

Lorin Maazel (1930) kan er wat van en dat vindt hij zelf ook. In New York dirigeerde hij de rijk georkestreerde *Symphonie Fantastique* van Hector Berlioz zonder partituur. Dat doen niet veel collega's hem na. Hij is chef-dirigent van het New York Philharmonic Orchestra dat zijn roem vooral dankt aan de legendarische concerten halverwege de vorige eeuw onder de immens geliefde Leonard Bernstein. Maazel is bij zijn orkestleden een stuk minder populair. Het verhaal gaat dat ze hun zware instrumenten liever de trap op sjouwen dan het risico te lopen met hun baas in de lift te moeten staan. Maazel heeft de wind eronder. Dat is goed voor de discipline, maar op den duur betaalt elk orkest daarvoor de prijs van verminderde speelvreugde. Het was aan de plichtmatige uitvoering van Berlioz' magnum opus een beetje te horen.

Niet dat daardoor ons dure kaartje weggegooid geld bleek. Want voor de pauze speelde het orkest samen met de eminente Franse pianist Pierre-Laurent Aimard het *Concerto voor piano en blaasinstrumenten* van Igor Stravinsky, een bijna vergeten compositie die swingt als een improvisatie van Erroll Garner, tot luisteren dwingt als een partita van Bach en vooruitblikt op muziek van een complete generatie componisten met onder anderen Steve Reich en Louis Andriessen. Het stuk beleefde haar première in 1924 in Parijs met Stravinsky zelf aan het klavier. Dat werd een historisch concert. In zijn memoires vertelt Stravinsky (1882-1971) dat hij vergeten was met welke melodie de piano het langzame tweede deel moest inzetten. Eeuwigdurende seconden tuurde de componist, die uit het hoofd speelde, in zijn geheugen op zoek naar de eerste stappen van zijn eigen geesteskind. Pas toen de dirigent Sergej Koussevitzky de wanhopige pianist een paar tonen in het oor neuriede was Stravinsky weer bij zinnen en kon het concert worden vervolgd.

Stravinsky was in die tijd net zijn tweede grote scheppingsperiode ingegaan. Het neoclassicisme zette een grote streep achter de schitterende balletten: *De Vuurvogel*, *Petroesjka* en de *Sacre*: heftig, groots en kleurrijk, en deze nieuwe stijl stelde veel van zijn fans diep teleur. Voor hen was dit pianoconcert vooral een gevoelsarme en dorre persiflage van Bach. Maar de tijden waren nu eenmaal veranderd. Er was geen geld meer voor dure balletten met grote orkesten. No nonsens was de nieuwe trend, niet ingewikkeld doen, we gooien wat klassieke voorouders er doorheen en een snuifje jazz, wat cabaretgeluiden, als we ons maar vermaken. Toch zou het neoclassicisme Stravinsky nog tot aardig wat meesterwerken inspireren, vaak met veel diepgang. De *Psalmensymfonie* zou nog komen, de *Symfonie in drie delen*, *The Rake's Progress*, maar ook een zeer abstracte *Mis voor koor en klein ensemble*. Stravinsky was inmiddels tegen de zeventig toen hij een jonge dirigent tegenkwam, Robert Craft, die hem nog eens op een ander been zou zetten. Stravinsky had nooit veel willen weten van Schönbergs twaalftoonssysteem, maar de jonge Craft had Weberns complete werk opgenomen en introduceerde in Amerika de avant-gardemuziek uit Europa. Hij wist de oude man te overtuigen. Stravinsky wijdde zich verder tot zijn dood, nog bijna twintig jaar, aan de twaalftoonstechniek.

In New York had Pierre-Laurent Aimard de steun van Maazel niet nodig om zich de noten van het pianoconcert te herinneren. Hij stal het hart van de kritische toehoorders. Aimard is een begaafd pianist die in één adem zou worden genoemd met virtuozen als Volodos en consorten als hij zijn repertoire had beperkt tot Schubert en Chopin. Maar de Fransman is een gepassioneerd liefhebber van eigentijdse muziek. Zo nam hij het complete werk van Ligeti op en geeft hij in alle belangrijke muzieksteden les aan jonge pianisten die zich het ingewikkelde idioom van de moderne muziek eigen willen maken. Hij stelt zijn persoonlijkheid in dienst van de muziek in plaats van andersom.

Maazel gaf hem na afloop nog net een hand. Zíjn concert begon pas na de pauze.

49

De rehabilitatie van Jan van Gilse

D e burgemeester van Utrecht, mevrouw Annie Brouwer, onthulde in het voorjaar van 2006 twee beelden ter nagedachtenis van de componist en verzetsstrijder Jan van Gilse. Een comité van nabestaanden, vrienden en bewonderaars had er jaren voor gevochten. De rehabilitatie van Van Gilse was een ernstige zaak die menig notabel in Utrecht heeft beziggehouden. Ik had de naam Van Gilse weleens horen noemen in mijn familie. Er hing een zweem van schaamte rond die gesprekken, alsof een man door menigeen groot onrecht was aangedaan waarvoor pas spijt kon worden betuigd toen het te laat was. Mijn oom Mari, de beeldhouwer, bij wie ik weleens in het atelier mocht kijken, sprak erover.

Het was er aangenaam warm. Het licht kwam van alle kanten. De glazen wanden waren in lood met elkaar verbonden als in de oranjerie van een landhuis. Hier en daar viel het klimop langs de dakgoot naar beneden. Het gereedschap, een hamer, een beitel, een zaag en een schaaf lag in gelid op een oude houten werkbank. Het rook er naar gips en naar de pijptabak van de beeldend kunstenaar. Zijn lichtgrijze overall hing aan een haak. In het atelier van Mari Andriessen (1897-1979) aan de Wagenweg in Haarlem stond een manshoge studie van wat later de Dokwerker zou worden. Op een stellage pronkten beeldjes van een kordate koningin Wilhelmina, Mozart in kostuum, Bach zittend op een kruk. Daartussen kaarsrechte mannen voor een vuurpeloton, een proeve van een verzetsmonument. Ook toen Andriessen allang was overleden stonden zijn gipsen schepsels kaarsrecht op de planken te wachten om (nog eens) in brons te worden gegoten. Ik hoopte dat het atelier nooit meer zou veranderen of dat een van zijn leerlingen er zou gaan werken in de geest van de meester. Als kind dwaalde ik door de betoverende ruimte waar mijn oom tijdens de Tweede Wereldoorlog onder de vloer wapens verborg voor het verzet tegen de Duitsers. Hij hielp mensen die door de ss werden gezocht aan een onderduikadres. Een van hen was Jan van Gilse (1881-1944), componist en dirigent van het Utrechts Stedelijk Orkest, een fel bestrijder van het nationaal-socialisme.

Misschien had Van Gilse met steun van zijn vrienden de oorlog overleefd als zijn zonen Maarten en Janrik niet door de Duitsers waren opgepakt en geëxecuteerd. Deze klap heeft de danig verzwakte musicus niet kunnen verwerken. Op zijn laatste onderduikadres bij vriend en collega Rudolf Escher in Oegstgeest werd hij ziek en overleed binnen enkele maanden.

Ik luisterde naar zijn *Tweede Symfonie,* uitgevoerd door het Koninklijk Concertgebouworkest in Amsterdam. Het publiek, gewend aan de muziek van Mahler, Bruckner en Brahms kon de vertrouwde klanken van het stuk zeer waarderen. Ook zonder het verlangen de man te rehabiliteren is er alle reden werk van hem uit te voeren. Naar Van Gilse luisteren is ook een soort thuiskomen, alsof je een huis in het buitenland bezit, je bent in den vreemde en toch ben je er thuis. Op knappe wijze, met veel aandacht voor de instrumentatie, brengt hij zijn thema dat volop verwijst naar de grote meesters wier namen op de balkons van de Grote Zaal prijken. Alsof hij wil zeggen: we hoeven ons niet te generen voor wat er eeuwenlang in Wenen bedacht is. Toch is het niet alleen weltschmerz wat de toon zet, het middendeel van de symfonie is bijna on-Duits elegant, maar als geheel wordt de compositie stevig vastgehouden door de melodische lijnen van de Duitse romantiek.

De jonge dirigent Markus Stenz werd na afloop van het concert luid toegejuicht. Stenz deed iets bijzonders: demonstratief hield hij met één hand de partituur omhoog alsof hij wilde zeggen: niet wij maar de onderschatte componist heeft u dit geschonken. Dat was een emotioneel moment voor wie wist hoe Van Gilse in zijn leven vooral strijd had gekend. Hij vocht niet alleen tegen de bezetter, maar ook tegen Willem Pijper, die als recensent van het *Utrechts Dagblad* bij voortduring fulmineerde tegen de muzikale opvattingen van de dirigent Van Gilse. Hij noemde diens ideeën 'fnuikend voor het Utrechtse muziekleven'. Van Gilse trok zich de kritiek zo aan dat hij het bestuur van het orkest vroeg de plaaggeest de toegang tot zijn concerten te weigeren. Dat ging de notabelen te ver, waarop Van Gilse uiteindelijk zwaar gedeprimeerd ontslag nam.

Na de oorlog heeft Mari Andriessen voor het graf van Van Gilse in Oegstgeest een monument gemaakt. Het is net als zijn muziek amper aangetast door de tijd: een dodelijk gewonde strijder laat het zwaard uit zijn hand vallen, maar houdt de lier omhoog. De muziek overleeft alles.

Zou Markus Stenz de gedenksteen hebben gezien?

50

Een meesterlijk tussendoortje

I n het Jardin du Luxembourg in Parijs, volgens Adriaan van Dis 'de best aangeharkte tuin van Frankrijk', werpen stalen stellages een schaduw op de door een warme lentezon beschenen gazons. Er worden tribunes gebouwd. Japanse toeristen, net terug van Euro-Disney, vragen aan de schildwachten van het park wat ze kunnen verwachten. Het blijkt dat er in het weekeinde muziekvoorstellingen in de open lucht worden gegeven. De toegangsprijzen zijn zelfs voor Franse begrippen onvoorstelbaar hoog. Voor honderd euro huur je een plastic kuipje op een metershoge tribune. Daarop kun je later die week een paar uur kleumend kijken naar een slecht gezongen opera. De zitplaatsen zijn te ver van het podium om zonder visuele hulpstukken het spel te kunnen volgen en te dicht bij de gigantische luidsprekers om van de muziek te kunnen genieten. Vorig jaar ben ik voor de verleiding bezweken ('zoiets maak je maar één keer mee') en worstelde ik me door een opvoering van de *Don Giovanni* van Mozart. De solisten verborgen een microfoontje in hun pruik waarop de straffe wind greep had gekregen. Een zacht geloei maakte de tekst van de aria's onverstaanbaar. Een jaar later werd ons de *Nabucco* van Giuseppe Verdi beloofd.

Verdi? Hebben we daar wel zin in? Zijn reputatie als operacomponist is groot, er zijn weinig muziekliefhebbers die zijn naam niet kennen en de gevorderden kunnen wel een zinnetje uit een aria meezingen uit *La Traviata*, *Rigoletto* of *Il Trovatore*. 'Ai nostri monti', 'we gaan terug naar onze bergen'.

Verdi en al die andere grote Italiaanse componisten uit de negentiende eeuw hebben hun land een exportproduct geschonken dat moeiteloos kan wedijveren met het succes van Chiantiwijn en alle soorten pasta: de opera. Bellini, Rossini, Puccini, Donizetti en Verdi wisten van jongs af aan dat ze hun talent ten dienste zouden stellen van het muziektheater. Zonder zijn opera's en requiem staat Verdi met lege handen. Hoewel, er ligt nog één partituur in zijn archief dat onze eerbiedige aandacht verdient: een *Strijkkwartet* dat hij in 1873 in Napels schreef om de verveling te verdrijven tijdens de repetities voor de *Aïda*.

Verdi beschouwde instrumentale muziek als het speelterrein van de Duitsers. 'Het strijkkwartet is een plantje dat in het warme Italiaanse klimaat niet goed gedijt,' beweerde hij. In het eerste deel houdt Verdi (1813-1901) zich dan ook braaf aan de Duitse opvattingen over de structuur van een strijkkwartet. Maar dan ineens, in het Andantino, gebeurt er iets spectaculairs, de zon schijnt door alle ramen en er klinkt een lieflijke wals, een Italiaans charme-offensief op vreemd terrein. Het lijkt of Verdi grootmeester Beethoven in Toscane ontvangt. In een villa boven op een heuvel schenkt hij Ludwig een glas prosecco, terwijl de strijkers op het terras aan hun instrumenten verrukkelijke klanken ontlokken die er zonder het voorbeeld van Beethoven niet waren geweest. Vanaf dat moment hebben de musici de smaak te pakken en snellen in het derde deel grijnzend langs het decor van *Rigoletto* en *La Traviata* om te eindigen met een fuga. Volgens sommige biografen schreef Verdi elke dag een fuga zoals pianisten toonladders spelen om de spieren soepel te houden. De finale van het kwartet is dan ook geen ingenieus bouwwerk zoals Beethovens *Grosse Fuge*, maar een flitsend muzikaal debat dat de aandacht geen seconde doet verslappen.

Er zijn meer voorbeelden van eenzame strijkkwartetten die meteen raak waren. Bruckner schreef buiten zijn enorme symfonische productie slechts één ander werk van betekenis: zijn *Strijkkwintet in f*. Franck schreef een strijkkwartet, Fauré ook, Wolf, Debussy en Ravel schreven er één. Allemaal meteen raak. Waarom dan niet meer van dat moois? Omdat ze dachten of wisten dat ze op andere terreinen nog beter waren; anders dan Mozart, Beethoven, Bartók en Sjostakovitsj, die in deze vorm vaak hun andere werk overtroffen. Maar het gevoel van 'jammer' blijft bij ons hangen. Verdi had in zijn tijd natuurlijk minder hoge ogen gegooid wanneer hij, in plaats van aan de lopende band opera's te produceren, wat vioolsonates en orkestwerken had geschreven. Voor ons was dat plezieriger geweest. Had Wagner maar een paar mooie symfonieën geschreven in plaats van ons lastig te vallen met het op muziek zetten van zijn totaal gedateerde libretti over Germaanse voorouders. Maar van sommige componisten weet je zeker dat ze *in der beschrenkung Meister* waren. Beethoven gaat volledig onderuit met *Fidelio* en je moet er niet aan denken dat Brahms een opera had geschreven. Als je de instrumentale inleidingen van Chopins pianoconcerten hoort denk je even aan het treurige werk van een minder begaafde tijdgenoot. Totdat de piano inzet, dan is er geen twijfel meer. Schoenmaker blijf bij je leest.

51

Vier kleine handjes

Zag ik een van mijn dromen verfilmd? Twee jonge-
tjes gekleed in donkere pantalons en een wit hemd
daalden op een zondagavond de lange trap af naar
de vleugel die in het midden van het podium stond opgesteld. Ik schatte ze vanaf het balkon niet ouder dan tien
jaar. Met hun blonde koppies en in de uniforme kleding
leken het tweelingbroertjes. Hun lerares, de legendarische
Portugese pianiste Maria João Pires, hield ze bij de hand
en begeleidde ze naar het walhalla van de concertpodia,
de Grote Zaal van het Amsterdamse Concertgebouw. Het
publiek was verbijsterd, wat ging hier gebeuren?

We waren gekomen voor Pires, de dichteres onder de pianisten, en haar jongere Braziliaanse collega Ricardo Castro.
Ze speelden romantische composities voor vier handen.
Mooie muziek, daar niet van, maar teveel van hetzelfde.
Muziek voor *quatre mains* is leuker om te spelen dan om
naar te luisteren. De zaal raakte pas in extase toen bij wijze
van toegift de twee blonde knulletjes achter het klavier
plaatsnamen.

De broertjes Arthur (1996) en Lucas (1993) Jussen zijn
als we Pires mogen geloven de grootste pianotalenten ter
wereld. Zij kan het weten, want de supermuzikale kinderen uit Hilversum zijn op haar uitnodiging lid geworden
van haar muzikale gemeenschap in het Portugese Belgais,

tweehonderd kilometer ten noorden van Lissabon. Pires bewoont daar een verbouwde boerderij waar jonge talenten les krijgen en wonen in een wereld vol warmte, schoonheid, kunsten en wetenschap. IJdelheid, concurrentie en materialisme worden in Belgais nadrukkelijk op afstand gehouden. De ouders van de broertjes Jussen wonen er ook en waken voor het karakterbederf dat bij hoogbegaafde kinderen altijd op de loer ligt. Hun moeder, Christianne van Gelder, is dwarsfluitist van beroep en vader Paul Jussen is paukenist in het Radio Filharmonisch Orkest.

De broertjes Jussen hebben in de sociale omgang geen last van hun begaafdheid, integendeel. Ik heb ze een keer mogen ontvangen in een televisieprogramma waar ze het studiopubliek charmeerden met hun onbevangenheid. Zelfs de cameramannen en -vrouwen die iedere avond bijzondere gasten voor hun lens zien verschijnen zonder daarvan opgewonden te raken, toonden zich opgetogen over de natuurlijke uitstraling van deze broertjes. Er is niets stijfs aan de jongens die om de top te bereiken toch uren per dag moeten studeren en dat dan ook nog de rest van hun leven. Het zou voor een documentairemaker boeiend zijn hun ontwikkeling jaar in jaar uit te volgen en na te gaan of er in een bepaalde periode een knik in de stijgende lijn van hun muzikale prestaties komt, bijvoorbeeld omdat de puberteit het belang van muziek in hun leven op de achtergrond dringt en het nog maar de vraag is of de natuurlijke ambitie die uit hun talent voortvloeit weer terugkeert. Omdat het broertjes zijn, dreigt er ooit onderlinge concurrentie te ontstaan, al stellen de ouders alles in het werk hen voor dat lot te behoeden. Ze zien het levensgeluk van hun kinderen als randvoorwaarde voor artistieke prestaties en hoewel er op die regel uitzonderingen zijn worden ze daarin gesteund door deskundigen in het algemeen en Maria João Pires in het bijzonder. Zij weet als geen ander hoe je talent moet begeleiden.

In Nederland is de ontwikkeling van supertalent vrijwel onmogelijk. Roosters, geldgebrek en onderlinge competitie van docenten staan een optimale begeleiding in de weg. Een beetje extra aandacht, dat kan nog net. *Help, ik heb talent!* is de naam van de documentaire die Roel van Dalen voor de AVRO maakte over de verstopping van de muziekopleiding in Nederland. De broertjes Jussen staan daarin centraal. De film beantwoordt de vraag waarom er in ons land wel een geweldig dynamisch muziekleven bestaat, maar het kanaal naar de top verstopt is. Waar zijn de jonge Wibi Soerjadi's, de nieuwe Janine Jansens? Het is Maria João Pires die Arthur en Lucas opvangt en straks twee meesterpianisten terug-geeft aan Nederland.

De jongens Jussen gingen in Amsterdam achter de vleu-gel zitten, keken elkaar even aan en speelden Mozart, Ravel en Fauré alsof ze de composities ter plekke bedachten. Nerveus? Ach, ze hadden in het voorjaar al voor de konin-gin gespeeld, een week later musiceerden ze voor de leden van de Tweede Kamer, hoezo zenuwen? Alleen de onvoor-spelbare grillen van de puberteit kunnen hun glansrijke tocht naar de top nog in de weg staan, maar 'het zijn ook nog heel lieve jongens,' aldus Pires. Ze straalt van trots als ze het over haar pupillen heeft.

Ik zag die avond in het Concertgebouw een oude droom werkelijkheid worden, maar dan met andere kinderen dan ikzelf in de hoofdrol. Waarover zouden Lucas en Arthur nog dromen?

52

Nooit meer applaus

O p zolder staat een oude bandrecorder die me deed besluiten niet te dromen over een loopbaan als tenor. Ik had een liedje van Schubert gezongen en opgenomen. Toen ik het terughoorde, kwam ik tot het besluit. De huisdieren waren al gevlucht naar een veilig heenkomen. Mijn moeder zweeg veelzeggend. Allemachtig, wat was dat vals. Ik vroeg me af waarom ik dat tijdens het zingen niet had gehoord. Is dat een psychische of een lichamelijke kwestie? Waarschijnlijk allebei. De geest beschermt een mens door de scherpe kanten van de eigen gebreken enigszins te verdoezelen. Het bestaan zou niet te harden zijn wanneer wij onszelf zagen zoals de anderen ons zien en horen. In vrijwel alle badkamers hangt een spiegel die niets ontziend en tot in de details de feilen van ons uiterlijk toont. Toch denken we dat het resultaat wel meevalt. We moeten wel, anders zouden we in het kastje met medicijnen meteen naar een potje met pijnstillers grijpen. Bij het horen van de eigen stem speelt ook een andere factor mee. We horen onszelf niet alleen via het daartoe bestemde zintuig, het oor, maar ook van binnenuit, daar waar de wil zuiver te zingen samenvalt met het doen trillen van de stembanden. Het geeft een flatteus beeld van de muzikale werkelijkheid. Hoeveel vals zingende ooms en tantes heb ik vroeger niet moeten verdragen, louter omdat ze niet beschikten over een bandrecorder om zichzelf al of niet in tranen terug te horen.

Een bevriende huisarts vertelde me onlangs dat hij antidepressiva verstrekt aan mannen en vrouwen die zijn verwijderd uit het plaatselijke zangkoor. Ze hadden zich twintig jaar geleden bij het gezelschap gemeld toen de kinderen de deur uit gingen. Sindsdien fietsten ze elke woensdagavond door weer en wind naar het gebouw van de in 1938 opgerichte vereniging Muziek & Vriendschap. Daar wordt gerepeteerd onder leiding van een jonge organist die hoopt ooit assistent-dirigent te worden bij een groot orkest. Twee keer per jaar is er een feestelijke uitvoering in het Concertgebouw. De vrouwen dragen een lange zwarte jurk, de mannen hebben een smoking gehuurd. De zaal is gevuld met familieleden. Kleinkinderen zwaaien naar hun grootouders op het podium. Na afloop zijn er de complimentjes. 'Wat zingen jullie volgend jaar?' vragen vrienden. 'Het *Requiem* van Verdi,' zegt het trotse koorlid.

Dan komt de rampzalige dag waarop de dirigent te kennen geeft het koor te willen verjongen. Alle zangers moeten opnieuw auditie doen. Het negatieve oordeel van de dirigent treft de afgewezenen als een mokerslag. 'Die jonge alt zingt veel valser dan ik maar mag wel blijven,' klaagt een afgewezen sopraan bij haar man. Ze vermoedt een amourette tussen de dirigent en de alt. De sopraan meldt zich met psychische klachten bij de huisarts die haar vergeefs poogt op te beuren.

Op tijd stoppen is ook voor professionele zangers een zware opgave. Jard van Nes, een van de allerbeste zangeressen uit de Nederlandse muziekgeschiedenis, nam de dappere beslissing rond haar vijftigste levensjaar te stoppen. Het kostte de mezzosopraan steeds meer moeite aan de eisen te voldoen die ze zichzelf had gesteld. Haar beslissing wekte alom verbazing en teleurstelling. Gelukkig zijn er de cd's waarop haar warme stem voor de eeuwigheid is vastgelegd. Zo is er de spectaculaire uitvoering van de Bachcantate *Widerstehe doch der Sünde* (BWV 54) die door geen andere zangeres ter wereld zal worden overtroffen. Haar stem is in de gelijknamige aria zo dwingend dat je gaat denken dat Bach deze muziek speciaal voor haar heeft geschreven. Recenter is de opname van *Des Knaben Wunderhorn* van Gustav Mahler. De componist liet zich inspireren door een bundel gedichtjes met volkse wijsheden over liefde, heldenmoed, geluk en troost. De Weense somberman laat zich in deze dertien orkestliederen zelfs van een vrolijke kant horen. In zekere zin markeren de liederen een belangrijke fase in het oeuvre van de componist. Hij toont zich dankbaar voor de klanken uit zijn jeugd en besluit bewust of onbewust dat de verbondenheid met de Weense volksmuziek voortaan altijd een plaats zal krijgen in zijn monumentale werk. Ook zonder de adviezen van Freud verwees hij in zijn symfonieën naar zijn jeugd. Wat te denken van het *Vader Jacob*-motief in de *Eerste Symfonie*, of al die landschap- en natuurmotieven waarin hij behalve onvergankelijke schoonheid ook het lijden ontdekte en herinneringen aan de armoede die hij als kind had gekend. In al die wandelingen door de bergen was hij op zoek naar het gevoel van zijn jeugd, het geluk en het verdriet die hand in hand gaan in de ontwikkeling van een artiest.

Jard van Nes voelt de typische Mahler-klank als geen ander aan. Op een wolk van strijkers en houtblazers zweeft ze door de huiskamer. Waarom is deze zangeres al voor haar zestigste levensjaar gestopt?

Staat op de zolder van Jard van Nes misschien een bandrecorder?

53

Het buitenhuis van Leonard Bernstein

I n mijn gedroomde leven zoende ik een filmster. Mijn oudere broers hadden onrustige nachten met Jeanne Moreau en Brigitte Bardot, zwart-wit foto's van de Franse schoonheden sierden hun jongenskamer. Ik was geobsedeerd door de stem en de donkere ogen van Natalie Wood, de ster uit de *West Side Story.* Het schijnt dat ook prins Rainier van Monaco zijn oog had laten vallen op Natalie Wood. Hij koos uiteindelijk voor de blonde Grace Kelly. Een beslissende rol in de besluitvorming speelde het genadeloze oordeel van de inlichtingendienst van het casinokoninkrijk over Nathalie. Te ambitieus en te koel, meldden de spionnen. Dat klopte, op de filmset moest moeder Wood eens de vleugels van een vlinder uitrukken om Natalie aan het huilen te krijgen.

Hoe zeer kan een mens zich vergissen in het uiterlijk van een knappe vrouw? Ik was bedwelmd door die warme zachte stem uit de filmmusical de *West Side Story* (1961) met de weergaloze muziek van Leonard Bernstein. Een eigentijds Romeo-en-Julia-verhaal over rivaliserende jeugdbendes in New York waarvan de onschuldige Maria (gespeeld door mijn Natalie) het slachtoffer werd. Groot was de teleurstelling toen ik erachter kwam dat niet zij die melodieën zong, maar haar onzichtbare stand-in Marni Nixon. Nagesynchroniseerd! Wat een gruwelijk bedrog. Jaren later verscheen in de krant een foto van de sopraan Nixon, een bleke verschijning met krulletjeshaar, maar iedere keer dat ik de muziek van Bernstein hoorde zag ik het gezicht van Natalie Wood. Ik heb de film talloze keren gezien en kende elke noot muziek van de musical uit het hoofd, alle liedjes speelde ik na op de piano en improviseerde op de thema's dat het een lieve lust was.

De roem van Leonard Bernstein (1918-1990) werd dankzij het succes van de gelijknamige film volledig overheerst door de muziek de *West Side Story*. Dat hij ook een groot dirigent was, is bekend. Ook dat hij in zijn latere leven meer voorkeur voor mannen had dan voor het andere geslacht. Maar dat hij buiten de *West Side Story* de componist van een omvangrijk oeuvre is, werd tot zijn grote verdriet enigszins over het hoofd gezien. Luister maar eens naar zijn magistrale symfonie *The Age of Anxiety* of de *Mass*, meeslepend en swingend, Amerikaans als Ives, Gershwin, en Copland die zijn grote voorbeelden waren. Ives schreef ooit een opmerkelijk werk, *The Unanswered Question*, een titel die Bernstein gebruikte voor een boek dat thuishoort in de bibliotheek van iedere muziekliefhebber. Hij analyseert daarin op grandioze wijze klassieke meesterwerken voor een groot publiek en legt tussen taal en muziek een onnavolgbare link. Deze pedagogische kwaliteit vond zijn oorsprong in de radio- en tv-praatjes die hij met groot succes hield, meestal voorafgaand aan door hem geleide concerten. In het Tanglewood-festival had hij zijn eigen wereld waar vele jonge dirigenten en componisten het begin vonden van een vaak grootse loopbaan. Bernstein was een inspirerend meeslepend mens die zich als dirigent vooral vond in de typisch Joodse hartstocht van de Mahlersymfonieën, maar ook optrad als pleitbezorger van nieuwe componisten. Natuurlijk is het verhuizen naar de VS van mensen als

Bartók, Stravinsky en Hindemith een belangrijke oorzaak van de verschuiving van de muziekcultuur van Europa naar Amerika, maar de betekenis van Bernstein daarbij kan moeilijk worden onderschat.

In het Engels worden liederen en liedjes allebei *songs* genoemd, maar in het oeuvre van Bernstein betekent het een wereld van verschil. Zijn 'echte' liederen zijn niet gemaakt om te amuseren, geen meezingers, ze zijn modern van toon, maar hebben wel dezelfde expressieve omgang met de taal. Niet voor niets gaf hij zijn eerste liederencyclus (1943) de titel *Ik haat muziek* mee om er meteen aan toe te voegen 'maar ik hou van zingen'. De liedkunst van Bernstein is prikkelend zeker als hij de lof van de plumpudding of een vleesgerecht bezingt. Dan leent hij een paar muzikale grappen van Benjamin Britten. Maar ook de liefdesliederen vermijden elk vermoeden van sentimentaliteit. In niets herinnert deze muziek aan de tranentrekkers uit de *West Side Story*, hier blijft Bernstein ver weg van de lichtreclames van Broadway en Hollywood. Hij lokt ons naar zijn buitenhuis, ver weg van de rumoerige stad. Het is er stil. De door de zon gebruinde componist met zijn lange grijze haren draagt een lichtblauwe spijkerbroek en een sportief vest. Hij gaat achter de vleugel zitten en droomt subtiele muziek. Hij nodigt ons uit mee te dromen van de altijd verlangde maar nooit gevoelde kus. *Dream with me.*

Boven de vleugel droom ik het portret van Natalie Wood. Sorry Marni.

54

De muziek van BOEM Paukenslag

BOEM Paukenslag/ daar ligt alles PLAT.

T oen Paul van Ostaijen, zoon van een Nederlandse vader en een Belgische moeder, stierf aan de gevolgen van tuberculose, was hij nog maar tweeëndertig jaar oud. Vlaanderen verloor een talentvolle dandy die hield van reizen, cocaïne en Antwerpen. De havenstad was toen nog niet een bedevaartplaats voor bierzuipende Hollanders, maar een mondain, bruisend centrum voor de kunsten dat graag knipoogde naar Parijs. Van Ostaijen flirtte met Dada.

BOEM Paukenslag. Razen rennen razen rennen razen RENNEN.

Het gedicht van Van Ostaijen leest als een partituur. Maar waar is de dirigent? Er is dringend leiding nodig. Het ritme loopt uit de hand. Uitroeptekens, hoofdletters, dwalende zinnen en weglekkende kreten maken de lezer onrustig. Van Ostaijen (1896-1928) dichtte geen dromerige melodieën, maar imiteerde op schrift de expressie van op drift geraakte instrumenten.

BOEM Paukenslag was het motto van de Boekenweek die in 2006 aandacht vroeg voor de verhouding tussen muziek en literatuur. Wat is dat voor relatie?

Een paar schrijvers houden zich bezig met muziek. Maar dubbeltalenten zijn op dit terrein schaars. Waarom konden Wolkers en Lucebert zowel gedichten schrijven als schilderijen maken, maar komt een geslaagd huwelijk tussen schrijven en componeren zo weinig voor? Toegegeven, Vestdijk heeft verdienstelijke liederen op zijn naam staan, Anthony Burgess (van *A Clockwork Orange*) heeft een kwartet voor gitaren gecomponeerd en zelfs Nietzsche heeft muziek geschreven, maar veel stelt het allemaal niet voor. Wel hadden talloze componisten een scherpe pen. We danken daaraan een eindeloze reeks brievenverzamelingen, maar dat behoort tot een algemene cultuur die helaas in vluchtig ge-sms dreigt te verzanden. Er zijn ook de autobiografische aantekeningen en kritieken die daarboven uitrijzen van figuren als Berlioz, Liszt, Debussy en Stravinsky. Een echt huwelijk tussen literatuur en muziek vond alleen plaats bij Wagner, die alle teksten voor zijn muziekdrama's zelf schreef en zich dan ook in beide kunsten geheel ten onrechte een even groot meester waande. Dat we bij het beluisteren van de muziek van de Duitse Amerikaan George Antheil aan Paul van Ostaijen denken is dan ook niet omdat hij talloze columns schreef en twee thrillers op zijn naam heeft staan, maar door de associatie met het dadaïsme, een stroming rond de jaren twintig van de twintigste eeuw, waarbij met rotte appels werd gegooid naar het hoogdravende im- en expressionisme die inmiddels al hun hoogtepunt waren gepasseerd.

Kwajongens waren het, net als de 'Groupe des Six' met o.a. Poulenc en Milhaud, sterk geïnspireerd door Satie, die bijvoorbeeld muziek schreef 'in de vorm van een peer'. Antheil woonde vanaf juni 1923 in Parijs en dat bleef niet onopgemerkt. Zo speelde hij in oktober van dat jaar zijn eigen pianocomposities op het trottoir van de Champs Elysées.

De kranten schreven over 'een muzikale rel'. Hij raakte bevriend met andere beroemde rebellen: Picasso, Joyce, Yeats, Pound en natuurlijk Satie. Ook Antheil (1900-1959) hield van opvallende titels voor zijn composities. Zo schreef hij een *Airplane Sonata*, de sonatine *Death of the Machines*, de *Sonata Sauvage* en een aantal korte stukken onder de verzameltitel *Mechanisms*. Ook de muziek was opvallend: alle bestaande regels met betrekking tot harmonie en contrapunt werden met voeten getreden.

Boem Paukenslag, daar ligt alles plat.
BOEM Paukenslag. Weer razen violen celli bassen koperen triangel trommels PAUKEN

Daar horen we toch de spetterende opening van het *Ballet mécanique* van George Antheil? Het stuk begint met een geweldige klap en brengt de luisteraar daarna een half uur in verwarring met geregisseerde chaos. Een revolutionair stuk dat enigszins aan de *Sacre du Printemps* van Stravinsky doet denken. Antheil werkte voor zijn ballet samen met de film en theaterregisseur Dudley Murphy. Tijdens de première in Parijs in 1926 stonden er zestien pianola's, sirenes en vliegtuigpropellers op het podium. De uitvoering was een succes, dat wil zeggen, iedereen sprak erover. Conservatieve critici waren razend. Ze repten over 'antikunst' en wensten dat de provocateur in een gekkenhuis zou worden opgesloten. Ze werden in die overtuiging gesterkt doordat Antheil tijdens een rumoerig pianorecital van zijn eigen werk demonstratief een pistool op de vleugel had gelegd om eventueel rumoerig publiek het zwijgen op te leggen. Antheil werd de *bad boy of music* genoemd, tevens de titel van zijn autobiografie vol scandaleuze anekdotes.

BOEM Paukenslag / de eer wankelt ligt er/ alle begrippen vallen/HALT!

Van Ostaijens gedicht wil ons wakker schudden. Het *Ballet mécanique* van Antheil haalt ons uit de zoete slaap van de romantiek, rekent af met de vloeibare wellust van de impressionisten en sluit af met een finale knal.

BOEM

෴

55

Afscheid

Maandagochtend om 11 uur namen we afscheid. Jur wilde daarna nog één keer naar *Metamorphosen* van Richard Strauss en *Verklärte Nacht* van Arnold Schönberg luisteren. Zijn vader zou later vertellen dat hij rechtop in bed de maat had meegeslagen. Een uur later diende de huisarts de middelen toe waaraan Jur op het afgesproken tijdstip overleed. We werden gebeld: 'Het is volbracht.' Jur had graag de regie over zijn leven en nu dus ook over zijn dood.

Jur Naessens (1945-2007) was een klasgenoot van mij op de hbs en is altijd een dierbare vriend gebleven. In de Nederlandse muziekwereld nam hij een belangrijke plaats in omdat hij in 1970 het Ricciotti Ensemble oprichtte, een straatorkest dat speelt waar je geen orkest verwacht, buiten in het park, in een stationshal, bij de receptie van een verpleeghuis of in een warenhuis. Daarmee bereiken de musici publieksgroepen die nimmer een concertgebouw binnengaan. Het orkest bestaat uit jonge bevlogen musici die plaatsmaken voor anderen wanneer ze hun definitieve bestemming in de muziek hebben gevonden. Jur was de man achter het orkest, hij regelde alles, ook de buitenlandse tournees, hij kookte voor veertig man, hij vulde desnoods uit eigen zak de financiële tekorten aan en beschouwde al 'zijn' musici als leden van dezelfde muzikale familie.

Nederlandse componisten vroeg hij speciaal voor 'Ricciotti' te schrijven. In de eerste jaren stond er zelfs een korte compositie van mij op het repertoire: *Gracia*, geschreven voor mijn gelijknamige dochter, en voor orkest bewerkt door mijn broer Wim, die voor het gezelschap een inspirerende dirigent was.

Als verslaggever voor Radio 4 ging ik een keer met het Ricciotti Ensemble mee op tournee door Frankrijk. Het leek wel een roadmovie. Veertig jonge mensen in een oude schoolbus, zonder uitzondering vrolijke mensen die zich niet bekommerden om hun toekomst. Ze hadden hun instrument bij zich, ze hadden elkaar, de zon scheen en als het even regende schuilden ze op de pleintjes bij het kerkje of onder de kap van de houten muziektent die later die dag het podium voor hun optreden zou vormen. Het interesseerde ze niet hoeveel mensen er kwamen luisteren. Soms rukte de complete bevolking van het dorp uit en ging een ouder, licht aangeschoten, maar nog verliefd stel dansen op de noten van hun muziek. In een andere plaats bleek geen belangstelling voor muziek en was het publiek minder talrijk dan de musici. Geen probleem, morgen was er weer een dag, na een puike nacht in de voormalige stallen van een boerderij. Dat had Jur Naessens geregeld, die trouwens ook de chauffeur van de bus was, al had hij daarvoor niet het benodigde rijbewijs. Binnen het orkest ontstond een enkele romance. Daar hield Jur niet van, gedoe tussen musici, dat geflikflooi in de hooiberg leidde maar af van de muziek.

In de grote steden oogstte het ongewone repertoire veel succes, het publiek zocht op de grond naar een schaal of omgekeerde hoofddeksels, een bankbiljet in de hand. Maar het Ricciotti liet zich niet betalen, hoe groot het tekort op de begroting ieder jaar ook was.

Het werk werd te zwaar voor Jur alleen, de club kreeg een

professioneel dagelijks bestuur, maar op de achtergrond bleef hij actief en tot op de dag van vandaag staat 'zijn' bureau op het kantoor van het ensemble in Amsterdam. Jur was zeer geliefd, ik heb geen mens gekend die zo weinig aan zichzelf dacht, maar alles deed voor zijn musici en de muziek. Er is gelukkig een prijs naar hem genoemd, de Jur Naessens-prijs voor jong talent die iedere twee jaar wordt uitgereikt, voortaan zonder de aanwezigheid van de naam-gever. De liefde voor *Metamorphosen* van Strauss heb ik van hem: hij deed me de cd cadeau toen hij vorig jaar tot zijn verbijstering merkte dat ik het stuk niet kende.

Ik schaamde me diep, hoewel, ik ben een gedreven publi-cist over klassieke muziek, maar, net als Jur, geen profes-sional. Juist dat element van mijn publicaties wordt door de lezer gewaardeerd, ze voelen zich niet alleen in hun kennisachterstand. Ik zit twee ochtenden per week voor het raam dat uitzicht biedt op de rivier en beschrijf wat bij me opkomt tijdens het luisteren naar onsterfelijke muziek. Het is mooi werk waarvoor veel research nodig is, maar een professional word je er niet door. Soms denk ik dat het de mogelijkheid om van de muziek te genieten vergroot. Je kunt nog worden verrast, overmeesterd door klanken die voor de professional gesneden koek zijn of onmiddellijk bij het horen al onderwerp van vergelijking en analyse.

Dat hadden Jur Naessens en ik gemeen: we bleven een buitenbeentje in een wereld die zijn eigen taal en codes heeft, maar die ook heel goed te betreden is met slechts die ene vermelding in het muzikaal paspoort: liefhebber.

56

Literatuurlijst

Bij het controleren van gegevens heb ik onder meer gebruikgemaakt van de volgende bronnen:

The New Grove, Dictionary of music, MacMillan, 1995.

The Oxford Companion of music, Oxford University Press, 2002.

Amerongen, Martin van, *Wagner*, De Arbeiderspers, 1983.

Andriessen, Henk, *Over Muziek*, Prisma, 1955.

Andriessen, Louis, *Gestolen tijd*, Querido, 2002.

Andriessen, Willem, *100 Opstellen over muziek*, Broekmans en van Poppel, 1955.

Boyd, Malcolm, *J.S. Bach*, Oxford Composers Companions, 1999.

Cawthorne, Nigel, *Sex Lives of the Great Composers*, Prion, 1998.

Eisler, Benita, *Requiem voor Chopin*, De Bezige Bij, 2003.

Faber, Tony, *Maestro. Vijf violen en het genie Stradivarius*, De Bezige Bij, 2005.

Feder, Stuart, *Gustav Mahler. Een leven in crisis*, De Bezige Bij, 2005.

Fischer/Kock, *Beethoven*, Becht, 1970.

Gay, Peter, *Mozart*, Balans, 2001.

Gilse-Hooijer, Ada van, *Pijper contra Van Gilse*, A.W. Bruna, 1963.

Grout, Donald J. en Claude van Palisa, *Geschiedenis van de westerse muziek*, Olympus, 2002.

Höweler, Caspar, *XYZ der muziek*, Gaade, 1997.

Jankevitch, Vladimir, *Ravel*, Het Spectrum, 1959.

Kaaij, Martin, *Niet bij Bach alleen*, Contact, 2005.

Keys, Ivor, *Johannes Brahms*, Christopher Helm, 1989.

Moore, Gerald, *The Unashamed Accompanist*, Methuen and Co., 1964.

Oorschot, Guido van, *Moet je horen*, Balans, 2004.

Reichenfeld, Katja, *XYZ van de klassieke muziek*, Van Holkema en Warendorf, 2003.

Routh, Francis, *Stravinsky*, J.M. Dent, 1975.

Schat, Peter, *Het componeren van de hemel*, Donemus, 1999.

Schonberg, Harold C., *The lives of great composers*, Abaais, 1992

Vestdijk, Simon, *Gestalten tegenover mij*, Bert Bakker, 1962.

Vestdijk, Simon, (red. Marius Flothuis), *Hoe schrijft men over muziek? Opstellen over muziek*, De Bezige Bij, 1987.

Vestdijk, Simon, (red. Marius Flothuis), *Muziek in blik: opstellen over muziek*, De Bezige Bij, 1984.

Wolff, Christoph, *Johann Sebastian Bach*, Erven J. Bijleveld, 2002.

Zanden, Jos van der, *Componisten op bezoek in Nederland*, De Prom, 2002.

Zanden, Jos van der, en Frits Bloemink, *De Componistenladder*, Uitgeversmaatschappij Holland, 1990.

Zanden, Jos van der, *Beethoven in zijn brieven*, Gottmer, 1997.

57

Discografie

RALPH VAUGHAN WILLIAMS
The Lark Ascending
Hilary Hahn, viool
London Symphony Orchestra
O.l.v. Colin Davis
DGG 002894748732

HÄNDEL EN BACH, DE ZONEN VAN GOD *14*
Georg Friedrich Händel
Dixit Dominus
Balthasar Neumann Ensemble
DHM 82876 587922

DE MISDADEN VAN BUSONI *18*
Bach-Busoni
Pianobewerkingen
Kun-Woo Paik, piano
Decca 467358-2

DE DOCHTER VAN BUXTEHUDE *21*
Dietrich Buxtehude
Membra Jesu Nostri
Bach Collegium Japan
O.l.v. Masaaki Suzuki

EEN OPERA IN KERKGEWAAD *24*
Guiseppe Verdi
Requiem
Berlijns Filharmonisch Orkest o.l.v.
Claudio Abbado
Het Zweeds Omroepkoor
EMI 557.168-2

DE VIOOL VAN JAN SIEBELINK *27*
Max Bruch
Vioolconcert no. 1
Janine Jansen, viool
Gewandorchester Leipzig o.l.v.
Ricardo Chailly

MUZIEK VOOR EEN GEVALLEN ENGEL *30*
Pjotr Iljitsj Tsjaikovsky
Symfonie nr. 6
Wiener Philharmoniker o.l.v. Lorin
Maazel
Decca 466 725-2

DE GROTE TANGO VAN ASTOR PIAZOLLA *33*
Astor Piazzolla
Le Grand Tango
Yo-Yo Ma, cello
Leonardo Marconi, piano
SK 63122

HOND BIJT PIANOLA *36*
Het Pianola Museum in Amsterdam
Iedere zondag van 14.00-17.00 uur.
Andere dagen volgens afspraak: tel.
020-6279624.
www.pianola.nl

DE WEG NAAR GENOT LOOPT VIA DE
MUZIEK *39*
Franz Schubert
Sonate in a majeur D664
Radu Lupu, piano
Decca

DE ZWEEDSE MOZART *42*
Joseph Martin Kraus
Sonates en Trio
Vaughan Schlepp, fortepiano
Antionette Lohman, viool
Frank Wakelkamp, cello
FL 72404

KAN MUZIEK POLITIEK FOUT ZIJN? *45*
The Geneva Concert met o.a. werk
van Beethoven.
West Eastern Divan Orchestra
O.l.v. Daniel Barenboim
Warner 2564 62190-5

ERNÖ DOHNÁNYI
Serenade in C Major
The Schubert Ensemble of London
Hyperion CDA66786

DE DURUFLÉ-CODE *49*
Maurice Duruflé
Requiem, opus 9
Koor en orkest van de Accademia
Nazionale di Sante Cecilia
O.l.v. Myung-Whun Chung
Cecilia Bartoli, mezzosopraan
Bryn Terfel, basbariton

EEN LIEFDEVOLLE OPDRACHT AAN DE
MUZE *52*
Robert Schumann
Pianokwintet Op. 44
Michelangelo, piano Quartet met
Antonio De Secondi, tweede viool
Chan 0698

HOE IK EINSTEIN EEN HAND GAF *55*
Wolfgang Amadeus Mozart
Vioolsonates K58, K304, K481
Sigiswald Kuijken, viool
Gustav Leonhardt, piano
SBK 62953

EN TOEN VIELEN DE FLUITEN IN *58*
Johann Sebastian Bach
Hohe Messe
Münchner Bach Orchester
O.l.v. Karl Richter

DE COMPONIST EN DE MOORDENAAR *61*
Carlo Gesualdo
Madrigali Libri
Gesualdo Consort Amsterdam
O.l.v. Harry van der Kamp
CPO

IGOR STRAVINSKY
Monumentum pro Gesualdo
Stuttgarter Kammerorchester
O.l.v. Dennis Russel Davis
EMI 000488602

HET ROEMLOZE EINDE VAN EEN GROOT
MUSICUS *64*
Géza Frid
Choral Works
Liszt Ferenc Chorus o.l.v. Peter
Scholcz
Hanna Devich, piano
Hungaroton HCD 32362
www.gezafrid.nl

OUDERWETSE TOEKOMSTMUZIEK *67*
Alexander Glazoenov
Vioolconcert in A
Julia Fischer, viool
Russisch Nationaal Orkest o.l.v.
Yakov Kreizberg

HENDRIK ANDRIESSEN
Orkestwerk
Nederlands Radio Philharmonisch
Orkest
Elektra KTC 1307

EEN LESJE UIT HET HIERNAMAALS *70*
Glenn Gould
Hereafter
Een film van Bruno Monsaingeon
Dvd Ideal Audience

EEN ODE AAN DE TEDERHEID *73*
Charles Gounod
Songs
Felicity Lott, sopraan e.a
Graham Johnson, piano
Hyperion cda66801/2

HET ENGELENKOOR DES DOODS *76*
Claude Debussy
Sirenes
The Cleveland Orchestra
O.l.v. Pierre Boulez DG 420808

GUSTAV HOLST
The Planets
Berliner Philharmoniker o.l.v.
Simon Rattle EMI Classics

DE ROODEN ROEPEN *79*
De Stem des Volks
De Rooden Roepen
De Internationale en andere strijd-
liederen
Varagram VCD008

DE GEWAPENDE MAN *82*
Karl Jenkins
The Armed Man
The National Youth Choir
Virgin B00005NDVJ

DE REDDENDE ENGEL VAN HÄNDEL *86*
Georg Friedrich Händel
Jephta
English Baroque Soloists o.l.v.
John Eliot Gardiner
Met o.a. Michael Chance en
Anne Sofie von Otter
Philips 422 351-2

DROMEN VAN PIETER EN JANINE *89*
Johannes van Bree
Allegretto voor vier strijkkwartetten
Amsterdam Sinfonietta
www.sinfonietta.nl

DE OUDE JUWELEN VAN BUSH, BYRD EN
DOWLAND *92*
Liederen van Dowland, Morley en
Byrd
Fairest Isle
Barbara Bonney, sopraan.
Decca 466 132-2

KATE BUSH
Aerial
EMI 09463 4396028

DE EERSTE VIOOL *93*
Wolfgang Amadeus Mozart
De vioolconcerten
Johannes Leertouwer met La Borea
Amsterdam
CC 72155

EEN LUIE SPROOKJESVERTELLER *98*
Anatoli Ljadov
Orchestral Works
Naxos 8555242

PAUL DUKAS
L'apprenti sorcier
Ulster Orchestra
Chandos 8852

IN DALFSEN KLONK BACH *101*
Felix Mendelssohn
Prelude en Fuga, Op. 35, No 1
Murray Perahia-piano
Sony Classical 88697-00818-2

DE WERELD VAN CHAGALL IN MUZIEK *104*
Max Bruch
Kol Nidrei
Pieter Wispelwey, cello
Die Deutsche
Kammerphilharmonie Bremen o.l.v.
Daniel Sepec

EEN MUZIKAAL BOMBARDEMENT *107*
Richard Strauss
Metamorfosen
Die Berliner Philharmoniker o.l.v.
Herbert Karajan
DGG 2888942 32032

DE STEM VAN HET ZWIJGEN *110*
Mompou plays Mompou
Complete Piano Works
Jewelcase/Kruidvat

MÚSICA CALLADA
Frederico Mompou
Herbert Henck, piano
ECM 445 699-2

DRONKEN NOTEN *113*
Anton Arensky
Strijkkwartet Op. 35
Piano Trio Op.32
The Amsterdam Chamber Music
Society
Brilliant Classics 93081

VERRUKKELIJKE STOKSLAGEN *116*
Witold Lutoslawsky
Paganini variaties
Ann Martin-Davis en Susan Legg,
piano
ASV-DCA 1046

NACHTMERRIES OP HET PODIUM *119*
Attrazione d'Amore
Documentaire van Frank Scheffer
over Ricardo Chailly
ASIN: BOOOAOGMIU

WOLFGANG AMADEUS MOZART
Pianoconcert 20 KV 466
Maria João Pires, piano
Berliner Philharmoniker o.l.v. Pierre
Boulez
EuroArts

DE CHRYSANTEN VAN PUCCINI *122*
Giacomo Puccini
Crisantemi
Quartetto David
BIS CD 1006

HET MIKPUNT VAN EEN MUZIKALE REL
125
Johann Joachim Quantz
Fluitconcert in G groot
Rachel Brown, fluit
The Brandenburg consort o.l.v. Roy
Goodman
Hyperion CDA66927

Tracklist cd

J.S. Bach *Hohe Messe*
1. **Domine Deus** 5'18"
   Nancy Argenta | Howard Milner
2. **Chorus: Qui tollis peccata mundi** 3'19"
   Monteverdi Choir | English Baroque Soloists | John Eliot Gardiner
DG 9cd 4697692

G.F. Handel *Jephta*
3. **'Some dire event'...'Scenes of horror, scenes of woe'** 4'57"
   Anne Sofie von Otter | English Baroque Soloists | John Eliot Gardiner

J. Dowland
4. **Flow my Tears** 4'45"
   Barbara Bonney | Jacob Heringman
DG cd 4776548

R. Vaughan Williams
5. **The Lark Ascending** 16'21"
   Hillary Hahn | London Symphony Orchestra | Sir Colin Davis
DG cd 4748732

M. Bruch *Vioolconcert Nr. 1 in G, Op.26*
6. **Adagio** 8'22"
   Janine Jansen | Gewandhausorchester Leipzig | Riccardo Chailly
DE cd 4757692

A.S. Arensky *Pianotrio Nr.1*
7. **Scherzo. Allegro molto** 6'04"
Beaux Arts Trio

R. Schumann *Piano Quintet*
8. Scherzo. Molto vivace   4'35"
Beaux Arts Trio | Dolf Bettelheim | Samuel Rhodes
DH 2cd 4563232

F. Poulenc *Quatre Motets pour le temps de Noël*
9. O magnum mysterium   2'58"
Nederlands Kamerkoor | Felix de Nobel

M. Duruflé *Requiem*
10. Sanctus   2'38"
Coro e Orchestra dell'Accademia Nazionale di Santa Cecilia |
Myung-Whun Chung

G. Verdi *Requiem*
11. Agnus Dei   4'57"
Luba Orgonasova | Anne Sofie von Otter | Monteverdi Choir
Orchestre Révolutionnaire et Romantique | John Eliot Gardiner
PH 2cd 4421422

A. Schönberg *Verklärte Nacht*
12. V Sehr ruhig   3'49"
Lasalle Quartet | Donald McInnes | Jonathan Pegis
DG cd 4232502

R. Wagner *Wesendonck Lieder*
13. Stehe still!   3'38"
Cheryl Studer | Staatskapelle Dresden | Giuseppe Sinopoli

J.S. Bach (Arr. F. Busoni)
14. Nun komm' der Heiden Heiland   5'09"
Kun-Woo Paik

Personenregister